हमारे पिता कवि स्वर्गीय
श्री नारायण दास जी जाजू
के ८०वे जन्मदिनोत्सव पर यह संकलन

अस्सी

हमारी माताजी
श्रीमती विमला देवी जाजू

को सादर समर्पित

श्रीमती छाया जाजू चांडक

छाया जाजू चांडक नारायण दास जी जाजू की ज्येष्ठ सुपुत्री हैं। उन्होंने मौलाना आजाद प्रोध्योगिक संस्थान (MANIT) , भोपाल से B.Arch. की डिग्री प्राप्त की । आर्किटेक्चर के साथ–साथ ही ICWA उत्तीर्ण करने की प्रेरणा उन्हें अपने पिताजी से मिली। 1995 में प्रथम पीढ़ी महिला व्यवसायी के नाते उन्होंने अपनी स्वयं की कम्पनी "नागपुर टेक्नो मार्केटिंग प्राइवेट लिमिटेड" की शुरूआत की जो पूरे विदर्भ में उद्योगों को आपूर्ति के क्षेत्र में अग्रणी है। साहित्यिक रुचि उन्हें अपने पिताजी से विरासत में मिली हैं।

सम्पादकीय

आज आदरणीय पापाजी का ८०वा जन्मदिवस है। वह हमारे बीच व्यक्तिगत मौजूद नहीं है, लेकिन उनकी सारी बातें यादें हम सभी परिवार जन को हर पल गुदगुदाते रहती है।

"क्यूँ इतनी जल्दी चले गए
बिखरे हो नभ थल में
आती हैं खुशबू हर पल में"

हमारे पापाजी – हमारे सबसे अच्छे मित्र थे, खुला व निश्छल मन, साफ सुथरा दिल जिसने हम सभी से खुले मन से हमेशा बात की और हमें सदैव सत्य की राह पर चलना सिखाया।

हमें मेहनत करना पापाजी ने सिखाया, सीमित आय में मेहनत करके अच्छे कॉलेज में पढ़ने की प्रेरणा और इंजीनियरिंग के साथ साथ ICWA की पढ़ाई कर उत्तीर्ण होना – यह बहु कार्यण हम तीनों बच्चों ने पापाजी से ही सीखी।

जीवन में हमेशा खुशमिजाज रहना, विषम परिस्थितियों में संस्कार न खोते हुए उससे उबरना, लालच न करना और ऐसी बहुत सी उनकी बातें आज भी हमें हिम्मत एवं ऊर्जा प्रदान करती रहती हैं।

हिसाब किताब पुरा बराबर एक छोटे से कागज के टुकड़े में सँभालकर रखना और वक्त आने पर याने 5-10-15 साल बाद भी उसे ढूँढकर हमें बताना – यह आदत हम तीनों बच्चों को अभी हमारे कार्यकाल में खूब काम आ रही है और इसका अनंत लाभ हमें आजीवन मिल रहा है।

"छोड़ गए क्या विशाल विरासत
कुछ अनकही अनछुई हसरत
यादों की बारात देकर
जीवन की सौगात देकर"

शतरंज में अपने नाती से जानबूझकर हार जाना और सब बच्चों का हौसला बढ़ाना – ऐसे थे हमारे प्यारे पापाजी..

कहते हैं ना, हार कर भी जीतने वाले को बाजीगर कहते हैं..

बच्चों के साथ में बच्चे बन जाना, वहीं ऑफीस में अनुशासन का कड़ाई से पालन करना, बहु बेटी–बेटा जवांई में कोई अंतर न रखना और सबको अपने मुस्कराते चेहरे से जीत लेना, यही थी उनकी विशेषता..

मधुमेह की बीमारी को भी हँसते हँसते संभालना और मीठे पर नजर गढ़ाये रखना

पापाजी की अपनी रौनक–बस्ती थी

एक बहुत ही नेक व संवेदनशील इंसान जो अपने उसूलों पर मजबूती से आजीवन टिके रहे, हमेशा सकारात्मक दृष्टिकोण रखना, ये सब हमें उनसे विरासत में मिला है और हमारा पूरा परिवार उनके इन्हीं आदर्शों का आज भी अनुसरण कर रहा है।

पापाजी आप हमेशा हमारे आसपास ही है, आपका आशीर्वाद सदैव परिवार पर बना रहे।

सरकारी जवाबदारी से निवृत होने के बाद, पापाजी गद्य – पद्य लिखने में माहिर हो गये, मानो ये उनका पेशा ही बन गया था ।

पापाजी ने कई कहानियाँ और हजारों कविताएँ और गजल लिखी और कई पुस्तकें प्रकाशित हुई –

दर्द ही दर्द
गंगाजल सी गजल
जितना तेरा आकाश उतना मेरा आकाश
प्यार की फसल मेरी हर गजल
अद्वितिया
तेरे मेरे दरमियाँ
महकी माटी महके कण कण

आज उनके ८० जन्म वर्ष दिन पर यह संकलन "अस्सी" हमने तैयार किया हैं, जिसमें पापाजी के प्रारम्भिक काव्य पुस्तकों से ४० चुनिंदा कविताएँ एवं गजल और उनसे प्रेरित २० कविताएँ माया के द्वारा और २० गजल संजय के द्वारा सम्पादित करने का सौभाग्य मुझे मिल रहा हैं, शायद यह ही हमारे परिवार की उनको सच्ची श्रद्धांजलि है।

अंत में कहूँगी –

दिन गुजर गए दशक बीत गया
कुछ आपकी यादों में कुछ आपकी बातों में

बेमिसाल दिल भोली सी मुस्कान वही
हुनर याद आता है शतरंज की हर मातों में

जिंदगी की आपाधापी काम का हो चाहे बोझ
दिखाई देते हैं आप वित्त के बही खातों में

चाँद में तारों में नीले आसमानों में भी
दिन के उजालों में अलसाती सी रातों में

खिलते हुए फूलों में बूँदों में बहारों में
मौजूद हैं आप पहाड़ों की बरसातों में

महफूज हैं लफ्ज हर्फ जो आप हम में बो गए
याद आए आप हर खट्टी मीठी मुलाकातों में

क्या सोचूँ क्या छोड़ गए क्या विरासत आपकी
महक रहे हो साँसों में सारे रिश्ते नातों में

दिन गुजर गए दशक बीत गया..

छाया जाजू चांडक
१०.०६.२२

श्रीमती माया जाजू माहेश्वरी की रचनाएँ (1-20)

श्री नारायण दास जाजू की रचनाएँ (21-60)

श्री संजय जाजू की रचनाएँ (61-80)

श्रीमती माया जाजू माहेश्वरी

माया जाजू माहेश्वरी अपने पिता श्री नारायण दास जाजू से विरासत में मिले साहित्यिक गुणों को निखारते हुए अपनी रचनाए प्रकाशित कर रही हैं। मध्य प्रदेश में कक्षा 12 में सर्वोच्च स्थान प्राप्त कर इन्होंने B.E, M. Tech., ICWA की उपाधियां अर्जित की। वर्ष 1996 में भारतीय राजस्व सेवा (I.R.S) जॉइन की और वर्तमान में आयकरआयुक्त, भोपाल के पद पर कार्यरत हैं। हाल ही में इन्होंने L.L.B में बरकतउल्लाह विश्वविद्यालय, भोपाल में प्रथम स्थान प्राप्त किया।

पापा - आज भी याद है

बचपन की वो बातें, आपके संग बिताये पल,
प्यार का वो सफर, हर तरफ हंसी खुशी का मंजर,
आज भी याद है।

आपका आफिस टूर से लौटने का बेसब्री से इंतजार,
क्योंकि आप लाओगे हमारे लिए अनगिनत उपहार,
आज भी याद है।

ICWA के लिए आपका बेहिसाब प्यार और
चैप्टर के लिए निकालना रोज के घंटे चार,
आज भी याद है।

कॉमर्स और एकाउंट्स से आपका बेहद लगाव और students
को डेबिट क्रेडिट के समझाना दांव,
आज भी याद है।

क्रिकेट मैच के दौरान TV ना छोड़ना और
रात के ३ बजे तक जागकर, दूसरे देशों के मैच देखना,
आज भी याद है।
बैजू–बावरा, मुगले–आजम के गाने सुनना और
शब्दो का ताना–बाना बुन, उन्हें कविताओं में पिरोना,
आज भी याद है।

Diabetes के बावजूद, छुप–छुप के मीठा खाना और
शादी में सबसे अलग होकर, मीठे से शुरुआत करना,
आज भी याद है।

बचपन मे LTC पर कश्मीर से रामेश्वरम ले जाना और
पूरा देश घुमाना, आपका घूमने–फिरने का वो शौक,
आज भी याद है।

हर समय खुशमिजाज रहना, बच्चों–सा भोलापन रखना,
हर फिक्र को बेफिक्र निभाना, आपके जीने का वो अंदाज,
आज भी याद है।

आपका असमय चले जाना, फिर लौट के ना आना
जिन्दगी से हार न मानना और खुशी बाँटते जाना,
आज भी याद है।

1

पापा को समर्पित

मिलेंगे कहीं फिर, यह सोचकर
आपके फोटो को बार बार देखा।

पायेंगे कहीं आपको, यह सोचकर
आपकी कविताओं को बार–बार पढ़ा।

आप वापिस आओगे, यह सोचकर
आपकी यादों को दिल में संजोए रखा।

आप यहीं कहीं हो, यह सोचकर
दस साल से आपको हर जगह ढूंढा।

पर आज जाना, शरीर है नश्वर, किन्तु आत्मा अमर
आप हम सब में ही हो, इक प्यार का एहसास लेकर।

****

2

माँ

माँ है सुबह की पहली किरण,
माँ है सांझ की ठंडी छाया,
माँ में छिपा है अस्तित्व मेरा,
माँ के प्यार से ही जीवन निखरा।

माँ है ना सिर्फ जन्मदाता,
माँ है समरुप साक्षात विधाता,
माँ है माया, मोह और ममता,
माँ के भाग्य से ही भविष्य संवरा।

माँ है जीवन की अनमोल धरोहर,
माँ ने सिखाया हार पर पाना संजय,
माँ के बिना जीवन में छाए अंधेरा,
माँ के विश्वास से लगे दुख पर पहरा।

****

3

बचपन

बचपन की कुछ यादें समेट के लाई हूँ,
पुराने दौर के भूले बिसरे गीत लाई हूँ।

वो पापा की उंगली थाम मार्केट में चलना,
फिर खिलौने की दुकान पर जोर से मचलना,
फाइव स्टार होटल की ख्वाहिश ना करना,
चाट, पानी पूरी के ठेले से ही काम चलाना।

माँ के साथ छुट्टी में पापड़, बड़ी, चिप्स बनाना,
और छत पर जाकर, उन्हें धूप में सुखाना,
दीवाली पर पूरे दिन सीरीज के बल्ब चेक करना,
और TV का antenna हर मैच के पहले घुमाना,

संडे को टिफिन पैककर, पार्क में पिकनिक मनाना,
और चटाई बिछाकर, पराठा सब्जी खाना,
फिसल पट्टी पर चुपके से फिसल जाना
और झूले पर बैठकर, हवा के झोंके खाना,

दूरदर्शन पर हफ्ते में दो बार चित्रहार देखना,
और रविवार, गुरुवार की फिल्म का इंतजार करना,
टेप रिकॉर्डर की कैसेट को पेन से ठीक करना,
और वॉकमेन को कान में लगा, शांति से गाने सुनना,

और भी हैं यादें अनमोल, मुश्किल है सब याद रखना,
पर जो यादें चेहरे पर हंसी ला दे, उन्हें बरकरार रखना।

****

4

जिंदगी

जिंदगी है चाशनी में डूबी हुई मिठाई भी,
जिंदगी है करेले और नीम की कड़वी सच्चाई भी।

जिंदगी है ऊंचाइयों को छूने की ख्वाईश भी,
जिंदगी है दर्द और बोझ में डूबी तन्हाई भी।

जिंदगी है प्यार में छिपे अहसास की गहराई भी,
जिंदगी है नकली और बनावटी रिश्तों की जगहँसाई भी।

जिंदगी है सात वचनों की रस्म अदायगी भी,
जिंदगी है तेरे मेरे प्यार की रुसवाई भी।

जिंदगी है राखी के धागे से सजी कलाई भी,
जिंदगी है तिरंगे में लिपटे फौजी की विदाई भी।

जिंदगी है माँ के आँचल में छिपी करुणाई भी,
जिंदगी है खुद से खुद की अविरल लड़ाई भी।

जिंदगी है मिलन की खुशी और फिर जुदाई भी,
जिंदगी है जो कभी लगती अपनी, कभी पराई भी।

****

5

समय

जब समय अच्छा था,
तो सोचा इसे मुट्ठी में कैद कर लूँ,
हाथ से पकड़कर रोक लूँ
कि यह समय यहीं थम जाए,
मेरे हाथ से ना फिसल जाए,
पर समय तो समय था,
वह कब किसी का सगा था।।

जब समय खराब आया,
तो चाहा कि यह जल्द गुजर जाए,
और तेज रफ्तार से भाग जाए,
ताकि फिर अच्छा समय आए,
गुजरता वक्त सब गम भुला भी तो देता है,
पर समय को कब किसी की सुनना था,
उसे तो बस अपनी धुन में चलना था।।

यह समय का खेल, मेरी समझ से परे है,
यह निरंतर गतिमान, सुख–दुख से अछूता,
एक ही रफ्तार से चला जा रहा है,
उसे न पीछे कुछ छूटने का गम है,
ना आगे कुछ पाने की चाहत है,

जैसे प्रकृति का नियम परिवर्तन है,
वैसे ही समय की मांग बदलाव है।
सच है, समय तो कलकल करता झरना है,
इसे बस बहते जाना है, बहते जाना है।

****

6

आओ खुद से रूबरू होते हैं

भागते रहे जिंदगी की कशमकश में,
ढूढ़ते रहे सुकून इस जद्दोजहद में,
चलो दो पल की सांस लेते हैं,
आओ खुद से रूबरू होते हैं।

दूसरों की खामियां खंगालते खंगालते,
खुद की अच्छाई ही भूल गया,
चलो फिर उस फरिश्ते को ढूंढते हैं,
आओ खुद से रूबरू होते हैं।

बड़े होकर ये करेंगे, वो करेंगे,
ये सोचकर जिन्दगी ही फिसल गई,
चलो फिर से बच्चे बनते हैं,
आओ खुद से रूबरू होते हैं।

उसके इश्क में आहें भरते थे,
खुद से ज्यादा उसे प्यार करते थे,
चलो फिर से रूमानियत खोजते हैं,
आओ खुद से रूबरू होते हैं।

मंदिर मजार सब जगह हो आया,
पर मन को करार ना आया,
चलो फिर उस खुदा को ढूढ़ते हैं,
आओ खुद से रूबरू होते हैं।

****

7

ऐसा क्यूँ होता है

ऐसा क्यूँ होता है,
किसी को बिना मांगे
मिलता है भरपूर प्यार और
कोई तरस जाता है पाने को
इक पल का भी करार।

ऐसा क्यूँ होता है,
किसी को बिना किये मिलती है
यश और शोहरत और
कोई ताउम्र मेहनत कर भी
कमा न सका थोड़ी सी इज्जत।

ऐसा क्यूँ होता है,
कि किसी ने भरापूरा
परिवार है पाया और,
किसी बच्चे से उठ गया
माँ का भी साया।

ऐसा क्यूँ होता है
कि किसी के पास होता है
गाड़ी और बंगला और
किसी गरीब को
छत का भी नहीं आसरा।

ऐसा क्यूँ होता है
कि किसी के देखे हुए सपने
हो जाते हैं पूरे और
कोई ख्वाब देखता है
वो भी अधूरे।

ऐसा क्यूँ होता है
कि किसी को मिलता है हर समय
मनपसंद खाने को और
गरीब तरस जाता है
रोटी के एक निवाले को।

सोचा बहुत कि
ऐसा क्यूँ होता है,
क्या है ये पिछले जन्म के
कर्मों का लेखा जोखा
या जुड़े हैं इसमें
भाग्य के तार,
पर इंसान की समझ से
ये है परे और
चाह कर भी इसे मिटा ना पाए,
ब्रह्मा, विष्णु, महेश।

****

8

प्रकृति और बचपन

समुद्र की उंच्छखल धाराओं सी चंचल,
हिमालय की ऊंची हिमशिखायो सी उज्ज्वल,
पत्तों पर जमी ओस की बूँद सी निर्मल,
कलकल बहती हुई अनवरत नदी सी शीतल,
आकाश में उड़ान भरते पंक्षियों सी कुशल,
वन में विचरते उन्मुक्त हिरणियों सी निश्छल,
बाग में खिले रंग बिरंगे फूलों सी कोमल,
फूलों पर मंडराई तितलियों सी ओझल,

है एक रंग एक रूप, प्रकृति और बचपन,
क्योंकि दोनों ही है ईश्वर के अनमोल रतन।

****

9

क्या नहीं देखा है

इस बदलते मौसम में
इन आँखों ने क्या–क्या नहीं देखा है,
हर फरिश्ते के पीछे छिपे
असली चेहरे को देखा है।

राम राम करके लोगों को
पीठ पर छुरा घोपते देखा है,
इस मक्कार शहर में,
कई इंसान को रंग बदलते देखा है।

हर नायाब हीरे को
सरेआम बाजार में बिकते देखा है,
खूबसूरती के पीछे
अच्छे अच्छों का ईमान डगमगाते देखा है।

दोस्तों का क्या कहे,
उन्हें भी दोस्ती पर खंजर चलाते देखा है,
अपनों को भी समय समय पर
रिश्तों पर वार करते देखा है।

अब दूसरों की कहाँ तक
बयां करें दास्तान–ऐ–दिल,
अपनी बुराई को मिटाते–मिटाते,
अपनी अच्छाई को मरते देखा है।

****

10

बहुत दिन हुए

बहुत दिन हुए सोचा,
मन के भावों को शब्दों में उकेंरु,
पुरानी यादों को माला में पीरूऊ,
पर ये क्या हुआ,
चंचल मन सहसा हुआ भाव विहीन,
जैसे भरी भीड़ में खो गया है कहीं,
शून्य की ओर निरंतर अग्रसर,
अपनी ही ना कोई खोज खबर।

सारे रिश्ते–नाते हुए क्षणभंगुर,
मन तृष्णा से हुआ कोसों दूर,
हर आशा निराशा से होकर परे,
खुली हवा में आजाद विचरण करे।
क्या यही है असली मोक्ष की प्राप्ति
या है जीवन का अनदेखा सार,
मैं समझ ना पाया,
पर कुछ पलों का ये अलौकिक अनुभव,
जानता हूँ, असंभव को भी करे संभव।

****

11

वो कहते हैं मुझसे

वो कहते हैं मुझसे,
ये तेरे बस का नहीं,
जानते नहीं है मुझे,
तूफानों से लड़कर ही
मैंने कश्ती पार की है।

वो कहते हैं मुझसे,
ये कल करना,
नादां वो जानते नहीं,
मैंने आज ही में
जिन्दगी जी है।

वो कहते हैं मुझसे,
तुझे मिल गया तेरा मुकाम
जानते नहीं है मुझे,
मैंने हर दिन नई मंजिल तय की है।

वो कहते है मुझसे,
यही तेरी किस्मत है,
जानते नहीं है मुझे,
मैंने अपने कर्मों से
तकदीर खुद लिखी है।

वो कहते हैं मुझसे,
अपनी रफ्तार कम कर,
जानते नहीं, मेरी जिंदगी को
थमूंगी तभी, जब मैंने सांसे बंद की है।

****

12

वक्त

वक्त के खंजर ने किए हैं कई वार,
कभी सामने, तो कभी पीछे से दी है मार।

घाव सहलाते–सहलाते भर गया है ये मन,
उदास है ये जीवन और थक गया है ये तन।

है माना तेरा मुझसे नहीं है कोई बैर,
और कुछ नहीं, लगता है बस समय का है ये फेर।

समय के वार के लिए हम सब हैं लाइन में खड़े,
कब किसका नम्बर आ जाये, ये समझ से है परे।

पर विश्वास है, ये धुंध छटेगी और फिजा फिर महकेगी,
अभी आँधी ही सही, पर रिमझिम फुहार फिर बरसेगी।

****

13

औरत

कभी दुर्गा बन जमाने से अकेले लड़ती,
कभी रात के अंधेरे में चुपचाप सिसकती।

कभी आसमान में उड़ने की चाहत रखती,
कभी धरती में समा जाने की कोशिश करती।

कभी रिश्तों में बंध भावनाओं में बहती,
कभी उन्ही बेड़ियो को जड़ से उखाड़ फेंकती।

कभी माँ बन असहनीय पीड़ा से गुजरती,
कभी उन्हीं बच्चों के सामने असहाय बिलखती।

कभी अपनों के लिए रोज नए सपने बुनती,
कभी अपनी पहचान को अपने हाथों कुचलती।

औरत, तू किस रूप में क्या पहचान रखती,
तेरी इस शख्सियत पर कायनात भी नतमस्तक होती।

****

14

ऐ दोस्त

मत छेड़ मेरे दिल के राग, ऐ दोस्त
उसमें ना जाने कितने राज दफन हैं।

मत पूँछ मुझसे मेरे दिल के हाल, ऐ दोस्त
उसका जिक्र भी जख्म फिर हरे कर देता है।

मत समझ मेरा दिल नादान है, ऐ दोस्त
तजुर्बे से मैंने जीवन का फलसफा सीख लिया है।

मत खंगाल इस दिल की बेचैनी को, ऐ दोस्त
दर्द की बुनियाद पर ही ये जिन्दगी टिकी हुई है।

मत सोच की मेरा दिल भटक क्यूँ रहा है, ऐ दोस्त
हर कदम पर मैंने नई मंजिल की तलाश की है।

****

15

हौसला

मेरे सपनों को पंख दे,
मेरे विचारों को उड़ान दे,
विचरने दे मुझे खुली हवा में,
मेरे कदमों को ना विराम दे।

मेरे गंतव्य को पहचान दे,
मेरी आशा को सम्मान दे,
बुलंद है मेरे हौसले,
मुझे नित नए आयाम दे।

मेरे चक्षुयों को ज्ञान दे,
मेरी जिज्ञासा को मान दे,
लक्ष्य को भेदना है मुझे,
मेरे हाथों में तीर कमान दे।

****

16

गुरु

जब गुरु पर लिखने का किया विचार,
तब मन मे आये अनगिनत उदगार,
कहाँ से करूं शुरू, कहाँ करूं अंत,
हर गुरु से सीखा, नित नया अनंत।

सबसे बड़ी गुरु, मेरी माँ का साथ,
जिसने थामा हर पल मेरा हाथ,
मेरे पिता, जिन्होंने दिया नया ज्ञान,
जिनके आशीर्वाद से मुझे मिला मान।

मेरा भाई जिसने पंख फैलाकर उड़ना सिखाया,
मेरी बहिन जिसने मुझे जीवन का पाठ पढ़ाया।
मेरे हमसफर जो बने मेरी सबसे बड़ी ताकत,
मेरे बच्चें जो मेरे जीवन में लाये बहुत बरकत।

कैसे भूलूँ स्कूल के वो शिक्षक,
जिन्होंने दिया कई विषयो का ज्ञान,
खोल के चक्षु, बढ़ा के मेरी जिज्ञासा,
मुझे समाज मे दिलाया मान—सम्मान।

कॉलेज के वो प्रोफेसर, जो सिखाते इंजीनियरिंग के गुर,
बढ़ा के बौद्धिक क्षमता, सिखाये जीवन के नए सुर।
मेरे दोस्त जिन्होंने सिखाया प्यार, मित्रता और जलन,
जीवन के हर मोड़ पर, जिंदगी में भरे कई रंग।

और भी कई हैं, जो सिखा के मुझे अच्छे–बुरे का फर्क,
नजरों से अचानक गुम हुए, बिना जताए कोई हक।
नमन हैं उन सबका, जिन्होंने सिखाया सदाचार,
आज स्वीकार करूँ, हाथ जोड़कर, करूं में सबका आभार
(गुरु पूर्णिमा के अवसर पर)

****

17

कोरोना काल-एक सच्चाई

मौत के इस मंजर में, कफन का व्यापार होते देखा,
जिन्दगी तो जिन्दगी, लाशों का भी मोलभाव देखा,
दवाइयों की कालाबाजारी, नकली दवा का बाजार देखा
इंसानियत को एक बार नहीं, बार–बार मरते देखा।

सिसकते बिलखते लोगों पर दुख का पहाड़ गिरते देखा,
बेड, ऑक्सिजन के अभाव में मरीजों को मरते हुए देखा,
अंत में अपनों का साथ नहीं, गैरों को भी जलाते देखा,
अमीर या गरीब, हर इंसान को बस बेबस, लाचार देखा।

इस घोर त्रासदी में, इंसानियत का नया रूप भी देखा,
डॉक्टर, नर्सों में जीवन रक्षक ईश्वर का स्वरूप देखा,
अजनबियों के लिए खाने–पीने का इंतजाम करते देखा,
भुखमरी के आलम में, निस्वार्थ लंगर भी चलाते देखा।

सोशल मीडिया पर मदद का सैलाब उमड़ते देखा,
दो गज की दूरी सही, पर दिलों को करीब आते देखा,
चेहरे पर मास्क है, पर खुदगर्जी का मास्क उतरते देखा,
इस विपदा का अंत हो, बस सबको गुहार लगाते देखा।

****

18

बेइंतहा इश्क

कहने को मेरा कुछ भी नहीं,
जो भी दिया सब तेरा है,
किस राह पर बढाऊँ कदम,
हर मंजिल में अक्स तेरा है।

तू शामिल है मेरे जेहन में,
तेरा ही हर तरफ पहरा है,
अब और क्या गुफ्तगू करूँ,
हर शब्द पर नाम तेरा है।

तुझे चाहा दिलो जान से,
क्या बस यही गुनाह मेरा है,
अब तुझे मैं भुलाऊँ कैसे,
हर याद में चेहरा तेरा है।

****

19

लॉकडाउन

भागे जा रहे थे, जिन्दगी की दौड़ में,
एक दूसरे को हराने की होड़ में,
अपनो से मिलने का समय नहीं था,
घर मे रहने का वक्त कहाँ था।

समय बदला, हालात बदले,
प्रकृति ने मचाया हाहाकार,
लाचार बेसहारे जानवर की चीखें,
आज इंसान से मांग रही इंसाफ।

सूनी बस्ती, वीरान सड़के,
जिन्दगी जैसे थम सी गई है,
कैद है आदमी, परिंदे आजाद
कानून ने किया बराबर हिसाब।

शानशौकत, पैसा, अमीरी सब है बेकार
अब जिये कैसे, बस इसकी है दरकार,
अब भी संभल जाए, जीवन है छोटा
छोड़े नफरत, करे प्यार पर भरोसा।

आओ, खुद से खुद को मिलाना है,
इस जंग में जिन्दगी को जिताना है,
समय ने सबको दिखाया है आईना,
जिन्दगी की लड़ाई से हारेगा कोरोना।

****

20

पता ही नहीं

तसव्वुर में जिसका अक्स छुपाये बैठे थे,
वो सामने आकर खो जाए, पता ही नहीं।

जिसे पाने के लिए शिद्दत से परस्तिश की,
कब उसका दीदार भी नागवार हुआ, पता ही नहीं।

घर की जीनत होती थी, उसकी अदायगी,
वही जहन्नुम–ए–हकीकत बन गई, पता ही नहीं।

अहदे वफा निभाने का ताउम्र वादा करने वाले,
कब दिल को रंज–ए–जुदाई दे गए, पता ही नहीं।

ये इंसान की फितरत है, ऐ दोस्त
रफीक कब रकीब बन जाए, पता ही नहीं।

****

श्री नारायण दास जाजू

श्री नारायण दास जाजू का जन्म 10-06-1942 को इंदौर मे हुआ। वे साहित्य में कविता, कहानी, गद्य, बचपन से ही लिखते रहे और साहित्य रत्न से विभूषित हुए। Institute of Cost and Management Accountants के फेलो मेम्बर होने के साथ–साथ वे भोपाल चैप्टर के अध्यक्ष भी कई वर्षों तक रहे। इन्होंने समय–समय पर प्रबंधन, बजट, कार्य–विश्लेषण, वित्त एवं लागत लेख विषयों पर कई आलेख प्रस्तुत किए। विशिष्ट सार्वजनिक एवं निजी उपक्रमों में व्यावसायिक सेवायों के बाद मध्य प्रदेश वन विकास निगम के महाप्रबंधक (लेखा) के पद से रिटायर हुए। कई अभिलेख प्रकाशित कर देश के वानिकी क्षेत्र में भी इन्होंने अपना महत्वपूर्ण योगदान दिया। रिटायर होने के बाद उनके साहित्यिक मार्ग ने गति पकड़ी और उनकी कई रचनाए प्रकाशित हुई। साम्यवादी विचारधारा रखते हुए, उनकी रचनाएँ भाव–प्रधान, जात–मजहब से परे, इंसानियत से ओतप्रोत और दिल को छू लेने वाली हैं।

21

दर्द

नन्हा सा
ढाई अक्षर का शब्द
किंतु
कितना व्यापक
कितना फैला
कितना शाश्वत
कितना विश्वस्त
कि सबकुछ बदला
पर यह नहीं बदला

दर्द
की कोई सीमा नहीं
यह असीम इतना
जितना नीला आकाश
यह मादक इतना
कि मौलवी भी मदहोश
यह घातक इतना
कि हलचल भी खामोश

दर्द

विधि की अद्भुत रचना

जिसने डाल दी है

सबमें चेतना

इसी की प्रसव–वेदना से

जन्म होता है

इंसान का

निर्माण का

उत्थान का

वाल्मीकि की रामायण का

वेद का, पुराण का

बाइबिल का, कुरान का

दर्द

से ही

होती है

शक्ति की अनुभूति

प्यार की आसक्ति

बनती–बिगड़ती

समय की आकृति

दर्द
रामराज्य
हरिश्चंद्र का सत्य
भरत को राम की पदुका
सीता को रावण की वाटिका
यह आधार है
हर युग के इतिहास का
सभ्यता, संस्कृति, धर्म के
अटल विश्वास का
यह अभ्यास है
आज के प्रयास का
कल के विकास का

दर्द
अगर खामोश हो जाए
तो सारा राष्ट्र सो जाए
अगर मदहोश हो जाए
द्रौपदी के विप्लव–सा
तो 'महाभारत' हो जाए
यदि बोझिल हो जाए
अर्जुन के विभाव–सा
तो गीता का आविर्भाव हो जाए

दर्द

सूर—मीरा के गीत
बैजू का संगीत
तुलसी की भक्ति
शिवा की शक्ति
तानसेन का मल्हार
हीर—रांझा का प्यार
पद्मिनी का जौहर से श्रृंगार
प्रताप की शूरता का पारावार

दर्द

महावीर की अहिंसा
गौतम का ज्ञानबोध
पृथ्वीराज की कहानी
चंदबरदाई की जुबानी
शाहजहां का ताजमहल
गालिब की गजल
१८५७ की हलचल
लक्ष्मीबाई की झांसी
भगतसिंह को फांसी

दर्द
का बोध ही
बनाता है इतिहास
नेहरू, गांधी, सुभाष
स्वतंत्रता का उल्लास
गणतंत्र का आभास
प्रगति का प्रयास
नए भारत का
नया आकाश
आगे बढ़ने को
खुशहाली के लिए
झिलमिल प्रकाश

दर्द
दुनिया की सबसे बड़ी दौलत
जो मिलता है बढ़ता है
अन—चाह कर
कम नहीं होता मन चाह कर

दर्द

की अनुभूति

अभिव्यक्ति

आकृति एक–सी है

चाहे दर्द हो सेहत का

शोहरत का दौलत का

चाहत का मोहब्बत का

दर्द

देता है

एक–सी धड़कन

एक–सी सिहरन

क्योंकि यह सहज संभाव्य है

ईश्वर का अद्वितीय न्याय है

दर्द

समदृष्टि है

पारदर्शी है

चाहे फिर वह हो

प्रजा का या राजा का

अमीर का या फकीर का

दर्द
पाया है
अधूरी साधना से
किसी अतृप्त आराधना से
किसी कर्तव्य पर
समर्पित हो गई भावना से
इसलिए संजो रखा है
इसे दिल के किसी कोने पर
बचा रखा है
किसी जादू—टोने से
इतना न हंसो
किसी के रोने पर
गमगीन होने पर
कि सर्द बन वह मचल उठे
दर्द बन तुम्हें निगल उठे

दर्द
व्यधिक है
पथिक है
याचक है
जो न जाने कब तुम्हारे
द्वार खटखटा दे
और खुद सोकर तुम्हें जगा दे

****

22

ईश्वर

खट–खट–खट
मैं खटखटाता रहा
पर खुला नहीं द्वार
इंतजार करता रहा
ईश्वर को खोजता रहा
हाथ जोड़ सोचता रहा
शिवाला में ढूंढ़ता रहा
दरगाह में पूजता रहा
चर्च में चलता रहा
मिलने के लिए तड़पता रहा
पर वह नहीं मिला
यहां भी, वहां भी
जो खोया ही नहीं कभी
वह कैसे मुझको मिलता
कभी भी, कहीं भी

याचक बनकर
द्वार पर मेरे आकर
मुझे सहमा–सा पाकर
कोई फकीर
बोला समझाकर

तुझमें ही है ईश्वर
हम खुद हैं उसके आकार
बता फिर
खुद को खुद कैसे मिलता
खुद में छुपा वह
इसीलिए तो 'खुदा' कहलाता
फकीर न मिलता
तो मैं यह कहाँ से जान पाता
देकर ज्ञान दान, भिखारी भी बन गया दानदाता
जिसने ईश्वर से जोड़ दिया मेरा रिश्ता—नाता
मैं उसे कुछ दे पाता
वह फिर बोल जाता
ईश्वर भाग्य विधाता
सबका दानदाता
उसे महसूस कीजिए
श्रद्धा, ध्यान से
प्यार, सुकून से
चैतन्य मन से
तो उसे हर जगह पाइए
यहां पाइए, वहां पाइए
जहां चाहें वहां मिल जाइए

ईश्वर को देखने के लिए
आंखे बंद करता रहा
नमन करता रहा
आराधना में रहा
बार—बार निहारता रहा
चारों ओर निरखता रहा
हर बार परखता रहा
विचारता रहा
पुकारता रहा
भटकता रहा
पर वह नहीं दिखा
काशी में नहीं दिखा
काबा में नहीं दिखा
यहां भी नहीं दिखा
वहां भी नहीं दिखा
प्रश्न मैं फकीर से करता
ईश्वर क्यों नहीं दिखता
उत्तर उससे यों मिलता
अंदर ईश्वर हमारे रहता
फिर बाहर कैसे दिखता
अंतर्मन से जो अभिव्यक्त होता
वो खुले में कैसे व्यक्त होता
फकीर फिर बोलता
जब तक हम मन की आंखे न खोलेंगे

उसे बाहर प्रकट नहीं पाएंगे
देख नहीं पाएंगे
पाकर फकीर से भिक्षा
लेकर उससे दीक्षा
खोल दीं मैंने अपने अंतर्मन की आंखें
अब उसे यहाँ देख पाता
जहां चाहता
वहां देख पाता

ईश्वर का आवास
जीवन के आसपास
शिशु का जन्म होना
फिर करवट बदलना
बालपन में संवरना
बालक का रोना, हंसना मचलना
मासूमियत से मुस्कुराना
फिर बड़ा होना
यौवन में कदम रखना
कर कर्म से, अर्चना
बहाना पसीना
खुद को बनाना
धरती को संवारना

औरों का सहारा बनना
फिर और बड़ा होना
वृद्धावस्था पर आना
जीवन के सत्य को जान पाना
रब को याद करना
मरण की ओर बढ़ना
फिर मौत के आगोश में सो जाना
शरीर का मिटना
पंच तत्व में लीन होना
आत्मा का बचना
उसका परमात्मा में सिमटना
इनसान का ईश्वर से मिलना
अर्थात जिससे प्रारंभ होना
उसी से जा मिलना

ईश्वर को देखना बड़ा आसान
हंसती धरती, खुला आसमान
सुबह, दोपहर, शाम का अवसान
तारों से चांद का अभिवादन
इनसान को विश्राम, रात सुनसान
फले–फूले खलिहान
मौसम की मुसकान

प्रकृति की पहचान
पुराण का ज्ञान
कर्ण का दान
हरिश्चंद्र का सत्य
राम का राज्य
यशोदा का वात्सल्य
वाल्मीकि का काव्य
कृष्ण की प्रीत
सुदामा मीत
जयदेव के गीत
बैजू का संगीत
गीता का मर्म
अर्जुन का कर्म
महावीर का अहिंसा धर्म
मीरा की भक्ति
कबीर की पंक्ति
साईं की आसक्ति
तुलसी के राम
रसखान के श्याम
हिंदुओं के चार धाम
मुहम्मद का इसलाम
सूर के पद
रहीम के छंद

शहीदों की याद
फकीर का आनंद

करके इन आदर्शों का स्मरण
हम भी दें ईश्वर को आमंत्रण
कर कर्तव्यबोध के नित्य जागरण
सत्य सादगी का लिए आवरण
करें प्रेम और त्याग का आचरण
ताकि धर्म बढ़े, हो निर्मल वातावरण
लिए परोपकार का आकर्षण

मानव धर्म एक
मजहब अनेक
अभिव्यक्ति विविध प्रकार
नियत नहीं हो नेक
इबादत, स्तुति सब बेकार
मंदिर, मसजिद के गंतव्य
सिर्फ बाहर के आकार
तब तक ईश्वर अदृश्य
जब तक होता नहीं
अंदर का सत्य साकार

****

23

प्रकृति और जीवन

प्रकृति की कितनी
अद्‌भुत पहचान
धरती को नहीं
मिलता आसमान
आसमान को नहीं धरती
धरती को नहीं करार
करार को नहीं लाचार
लाचार को खुशी
खुशी को काँटे
काँटों को खुशबू
खुशबू को आराम
आराम को मंजिल
मंजिल को इनसान
इनसान को सुकून
सुकून को प्यार
प्यार को आधार
आधार को संस्कार
संस्कार को शिक्षा
शिक्षा को दीक्षा
दीक्षा को ज्ञान
ज्ञान को जीवन

जीवन को राह
राह को मुसाफिर
मुसाफिर को हमसफर
हमसफर को इकरार
इकरार को आकार
आकार को कलाकार
कलाकार को बहार
बहार को पतझड़
पतझड़ को फूल
फूल को जिंदगी
जिंदगी को न्याय
न्याय को अपराधी
अपराधी को कैद
कैद को हवा
हवा को मुकाम
मुकाम को बेबस
बेबस को अमीर
अमीर को गरीब
गरीब को नहीं धरती
धरती को आसमान
नहीं मिलता
कल्पना कीजिए
धरती को मिलता आसमान

तो कितना होता घमासान
धरती कहाँ रहती
फिर नहीं दिखती
क्योंकि धरती पर होता आसमान
तो इसका न होता कोई नाम—ओ—निशान
इसी तरह
आसमान को जमीन मिलती
तो कहाँ रहते
सूरज, चाँद, तारे
ये प्रकृति के अद्‌भुद नजारे
कहाँ बनते बादल
कहाँ से आती बरसात
बरसात से पानी
और पानी से जीवन
न खेत— खलिहान
न बहार की मुस्कान
इसीलिए किसी को कुछ नहीं मिलना
प्रकृति की विचित्र रचना
प्रकृति ने कभी
किसी को पूरा नहीं दिया
जिसे दी दौलत उसे नहीं सेहत
जिसे सेहत उसे नहीं दौलत
जिसे शांति उसे नहीं शोहरत

जिसे शोहरत उसे नहीं शांति
मजदूर को दी सुकून की नींद
अमीर को बेचैन रात
राजा को दुःख की बारात
उसे दिया है सब कुछ, छोड़कर आराम
फकीर को कुछ नहीं, सिर्फ आराम—ही—आराम
कितना सहज संभाव्य
यह प्रकृति का अद्भुत न्याय
ईश्वर है समदृष्टि
साम्यवादी
एवं समन्वयवादी
करता है सबको बराबर
एक समान परिणति में लाकर
ईश्वर स्वयं ने भी कहाँ पाया सुकून
देवताओं की चीत्कार सुन
शिव का पीना सब विष
बने नीलकंठ, दे जग को आशीष
महान् आत्माओं को मिला यश
तो साथ में क्लेश
सत्यप्रिय हरिश्चंद्र को
मिला विश्वामित्र का श्राप
बना जीवन का विकट संताप
सीता को राम का त्याग

राधा को कृष्ण का वियोग
द्वापर में हुआ कैसे विनाश
कृष्ण के सभी यादव वंशजों का नाश
पांडवों को राज्य के साथ मिली अपनों की लाश
सुकरात को जहर के प्याले का अभयदान
कर्बला में हुसैन का बलिदान
गौतम का गृह—त्याग
पद्मिनी को चिता की आग
सुदामा को तंगहाली
ईसा को सूली
बापू को गोली
लक्ष्मीबाई से छीनी झाँसी
भगतसिंह को फाँसी
जीवन का नाम है जीना
पाना, खोना
बनना, मिटाना
सँवरना और सहना
जीवन की यह आकृति
प्रकृति की सामान्य कृति
अतः हमें छोड़नी होंगी सभी आसक्ति
या कोई अभिव्यक्ति
पाकर शक्ति
करनी होगी सिर्फ ईश्वर की भक्ति।

****

24

जीवन

जीवन
किसी विधा के हाथों रचा
पूरा दिवस है
उदय शिशुपन
सुबह बचपन
सूर्य की किरणों–सा
बढ़ता, संवरता बालपन
चारों ओर उजाला
यानी आशाओं का
बढ़ता हुआ काफिला
किशोरपन का सिलसिला
बाद के बढ़ते चरम
युवा हाथ किसी पर अर्पण
समर्पण को तत्पर
यानी दोपहर
कड़कती धूप
श्रमिक रूप
यौवन के हाथों
निर्माण–ही–निर्माण

फिर शाम
यानी जिंदगी को

दो घड़ी आराम
किंतु दिखाई देता है
कोई विराम
यानी एक प्रश्नचिन्ह
कि क्या वे आशाएं
पूरी हुई हैं ?
जिन्हें बचपन ने
सिर्फ
संजोई थी
जिन्हें यौवन ने
अपने निर्माण के
पसीने से
भरपूर
भिगोई थी

नहीं
वे बढ़ते हाथ
श्रम के साथ
कदम—कदम
पर बढ़ने के बावजूद
किसी मंजिल पर
नहीं पहुंचे हैं
वे व्यथाओं, बेचैनी के

तूफां से बच
कोई साहिल
पर नहीं ठहरे हैं

फिर रात
यानी बिना दुल्हन के
लौटी बारात
निर्माणों के विध्वंसों
की सौगात
रात की शुरूआत
यानी जिंदगी की
प्रौढ़पन से मुलाकात
जिसके पीछे उलझी यादें हैं
झूठे वादे हैं

फिर आधी रात
गर्दिश सितारों
से सिसकती रात
जिसके बाद
बढ़ती उम्र का अवसाद
जिसकी खामोश शिखाओं में
सबकुछ खो गया है जीवन

बचपन

यानी आशाओं का मचलपन

यौवन

यानी निर्माणों की सिहरन

प्रौढ़पन

यानी विध्वंसों की तड़पन

अब बच गया है

सिर्फ चुपचाप जीना

पानी की जगह

आँसुओं को पीना

अब अँधेरी रात

वृद्धपन की शुरूआत

कोई असहाय–सा जीवन

यानी किसी डरपोक का

ठहरा–सा स्वप्न

ये वृद्ध

कितने कुंठित

कितने आहत

कितने व्यथित

अपने से ही निर्मित

चाँद–तारों से रचित

प्यार के कणों से संचित
नाते–रिश्तों से ही
पर रहे तिरस्कार हैं
यानी उजालों के स्रोतों से ही
मिल रहा अंधकार है
यह कैसा अपकार है
जो तिल–तिल कर
मिल रहे हैं उन से
जिन्होंने पाई है जिंदगी
हँस–हँसकर इन से

आधी रात के बाद
फिर सन्नाटा
जैसे मौत ने
खोल दिया हो छाता
इस गहरे अँधेरे में
पूर्व सवेरे में
कुछ दिखाई नहीं
देती रोशनी
यानी शरीर से चिपटी
किसी विधवा की ओढ़नी

इन अँधेरों के बाद
उजालों के पहले

प्रकृति करती है लीला
मृत्यु करती है क्रीड़ा
शरीर बदलता है
अपना चोला
सतत चलता है
यह सिलसिला
यानी
नए मुसाफिरों का काफिला
ताकि हर दिवस
नए पौधों से
नई बहार से
उपजी रोशनी से
प्रकृति
विधवा–सी
तिमिर रात को हटा
धरती को दुलहन–सा बना
नई सुबह–सुहागन का
नया श्रृंगार कर सके
आने वाले कल का
अभिसार कर सके ।

****

25

ताजमहल

यमुना किनारे
क्या है खड़ा यह
अट्टालिका—सा
क्या मंदिर है किसी का
क्या मसजिद है किसी की
क्या गिरजा है ईसा का
नहीं
यह तो कुछ और ही
दिखाई देता है
क्या कहा
कब्र है किसी की
पर
कब्र कब्र होती है
कब्र महल नहीं होती

ताजमहल
इसे कहा जाता है
प्यार का अद्वितीय उपहार
पर प्यार को नहीं दरकार
कोई भव्य आकार
यह तो हो सकता है साकार
कहीं भी, किसी भी प्रकार
चाहे हो टूटा—सा घर

या फटी–सी चादर
या मीठी नजर
करती निहार
बार–बार
हलकी फुहार
भीगी बौछार
अशांत निर्झर
बेजान पत्थर
हर पहर
हमसफर
एक–दूसरे को कर स्वीकर
प्यार का होता अभिसार
इस पार, उस पार

प्यार किसी बादशाह की
जागीर नहीं
बड़ी अजीब इसकी
कहानी रही
बराबर सुनी गई
जब किसी ने कही
प्यार की आदि कहानी
यों रही
सती थी शिव की प्रेमाधार
पा पिता का तिरस्कार

हुई अग्नि से साकार
शिव सुनकर बने प्रलंयकर
सती ने पार्वती बन
लिया अवतार
कैसा अद्भुत प्यार
प्यार में सब बेकरार
पर करार—ही—करार
सलीम को जंजीर
अनारकली को दीवार
लैला की नजर
मजनू को पत्थर
शीरीं—फरहाद पर अत्याचार
हीर का राँझा पर एतबार
रोमियो—जूलियट का इकरार
राधा का श्रृंगार
मीरा का जहर
पद्‌मिनी का जौहर
प्यार कितना अद्वितीय
प्रीत, चाहत होते सहज संभाव्य
जो बन जाते हैं कहानी, काव्य
मुमताज थी शाहजहां को अति प्रिय
पर इस प्रीत का यह कैसा परिहास्य

कटे श्रम के हाथ
हुआ विकट दुर्भाग्य
ताजमहल भव्य
बना गलत गंतव्य
खोलना होगा यह रहस्य
जहां सहिष्णुता हुई अदृश्य
वहाँ कैसा ऐश्वर्य
बोलना होगा इतिहास का
यह कटु सत्य
करने को सही न्याय
ताकि पूरा हो प्यार का अध्याय

प्यार नहीं राजा का राज्य
नहीं शहनशाह का साम्राज्य
सर्व हित का लिए उद्देश्य
सत्य, समर्पण इसका ध्येय
प्यार किसी अँधियारे कल का
आज नहीं
किसी शोहरत का
मिजाज नहीं
किसी दौलत का
मोहताज नहीं
हरगिज शाहजहां का ताज नहीं।

****

26

जितना तेरा आकाशः उतना मेरा आकाश

जितना तेरा आकाश
उतना मेरा आकाश
लेकिन धरती जुदा—जुदा
किसी को विस्तृत, अथाह
तो किसी को सिर्फ कणांश

आदमियत है कई प्रकार
शोषक बन कुछ मुर्दे हैं जिन्दे
पोषक बन कुछ, औरो को बनाते
बन गए हैं जिंदा लाश
पूरी, पूरी महफिल में
कुछ भटक रहे खोये से
तो किसी तन्हों को हैं
सिर्फ एक की तलाश

प्रकृति के भी कैसे
बिखरे, बिखरे आयाम
कही उजले तिमिर
तो कहीं धनघोर प्रकाश

जीने के प्रयास में
कोई रोमांचित, कोई हताश
सिसकियों के आगोश में भी
कुछ होते नहीं निराश

अथाह वेदना में जो नहीं उदास
वो ही पाते हैं जीवन में उल्लास
खुद को जो निहारते
भूगोल से कठिन वो होते
दूसरों को जो संवारते
वो ही बनाते हैं इतिहास

दरियां के सैलाब से भी
कुछ होते नहीं तृप्त
तो मिट जाती हैं कुछ की
दो बूंद से भी प्यास
ईश्वर, खुदा के नाम पर
कर रहे कुछ भोग, विलास
तो किसी के गृहस्थ जीनव में
झाकता बार बार सन्यास

हल्की सी मुश्किलों से भी
कुछ हो जाते हैं बोझिल

तो बेबसी के शिकंजो में भी
कोई होते हैं उन्मुक्त, बिंदास
अभाव और समस्या में भी
कुछ करते नहीं मलाल
सब होकर भी किसी का
शून्य होता सुख वास

बस्ती में हर की घायल
सबके अपने अपने ज़ख़्म
किसी के कुछ गहरे
तो किसी को सिर्फ खरास

एक ही गंतव्य के
अलग अलग प्रयास
श्रद्धा, सुकून, विश्वास के
अपने अपने अहसास
कोई ढूंढे राम का आवास
कोई मसजिद की आस
ठहरे दिल के मुकाम पर
हुआ जब ज्ञान बोध अनायास
पाया ईश्वर, अल्लाह का
तब एक ही रहवास

ऐसे ही चलती, बढ़ती
जीवन की यह नॉव
कभी धूप, कभी छांव
कभी तूफॉ का गर्दिश
तो कभी साहिल आसपास

अपने अपने आधे अधूरे
बनते, बिगड़ते भाग्य
किसी की मंजिल दूर
तो किसी के मुकाम पास
सबको दी गई
अलग अलग जिन्दगी
किसी को आम,
तो किसी को खास।

****

27

गम से जी रहे हैं खुशियां तो दिला दो
प्यासे हैं कब से प्यार की दो बूंद पिला दो

जीवन है अधूरा, बिन तेरे सहारे
जब पास नहीं तुम, हैं दूर नजारे
उजड़े हुए मुकाम को मंजिल से मिला दो,
प्यासे हैं कब से प्यार की दो बूंद पिला दो

गुमसुम हैं फिजाएँ, मिलकर हमीं से
फूलों में नहीं खुशबू तेरी कमी से
वीरान इस चमन को बहारों से मिला दो
प्यासे हैं कब से प्यार की दो बूंद पिला दो

हलचल यहाँ नहीं, बिन तेरे इशारे
रूठे हुए हो तुम, गर्दिश में सितारे
खामोश अंधेरी रात को उजालों से मिला दो
प्यासे हैं कब से प्यार की दो बूंद पिला दो

पीड़ा की मझधार में, भटके हुए हैं हम
प्यार की पतवार लिये माझी न बने तुम
अश्कों में डूबे इनसान को साहिल से मिला दो
प्यासे हैं कब से प्यार की दो बूंद पिला दो

****

28

जिंदगी है मौत की सबसे बड़ी जरूरत
यह जरूरत ही है जो हमें जीने देती है
उजालों की चाह ने अंधा बना दिया है हमें
अंधेरों की सिहरन ही हमें रोशनी देती है

फूलों की खुशबू में छुपी है भूगोल की मक्कारी
शूलों की चुभन ही है जो इतिहास बनाती है
मुकाम खुशियों का भटका देती है राह
दर्द की राह ही मंजिल को मिलाती है

घर उजड़कर बन गए हैं कई खंडहर
खंडहरों में बसी जिंदगी महल बनाती है
बाहरी पाखंडों ने इनसान को बना दिया है पत्थर
पत्थर को अंदर की धड़कन ही भगवान बनाती है

****

29

तन का अभिसार
मन की मनुहार
पर यौवन दिन दो–चार
रूप का कैसे हो श्रृंगार

धर्म का विश्वास
कर्म का प्रयास
पर शैतान है तैयार
फिर कैसे हो आचार

शूलों की शहादत
फूलों से इबादत
पर बगिया है बीमार
सोचो कैसे हो उचार

दुःख का आधार
सुख का सत्कार
पर चारों तरफ हाहाकार
तब यह कैसे हो स्वीकार

क्रांति का आयाम
शांति का मुकाम

पर दुश्मन की ललकार
फिर कैसे रुके तलवार

धनिकों के साथ
श्रमिकों के हाथ
पर बीच खड़ी दीवार
स्वप्न कैसे हो साकार

अतीत का इतिहास
भविष्य का विश्वास
पर धधक रहा है संसार
वर्तमान कैसे ले आकार

मस्जिद के आसपास
ईश्वर का भी रहवास
पर पाखंड का पारावार
मानवता कैसे ले आधार

****

30

आदमियत जब भी जितनी गहरी होती
दुनिया सारी उतनी ही सुनहरी होती

वक्त की दुश्वारी के बादल नहीं होते
तो तिमिर धरती चांद सी संवरी होती

आजाद हवा खुशी से भरपूर मुस्कराती
गर जमी पे हमने खुशबू बिखेरी होती

जमीर की जहानत से ये दुनियां सजती
गर तरक्की की हरारत से दुपहरी होती

प्यार से इंसान पूरा ही सराबोर होता
खुबसूरत रोशनी पास से गुजरी होती

जमीन के दायरे नहीं बनाये गए होते
सुकून से सारी दुनियां तेरी मेरी होती

****

31

सूरज की तेज रोशनी में खो गया सवेरा है
प्रकाश के पहिले और बाद में बस अंधेरा है

समय की मार सहने को हो गए अभ्यस्त
पीड़ा की राह में बस दर्द का बसेरा है

बेरहम हालात ने मसल दी अब कई कलियां
प्यार की पंखुड़ियों को हमने ही तो बिखेरा है

तन की खुबसूरती से हमें बस नहीं बहलाईये
मन की रोशनी के बिना तो बड़ा ही घनेरा है

जुल्म, अन्याय के तले है रोशनी ही रोशनी
मंदिर, मस्जिद के परिसर में बड़ा अंधेरा है

निश्चल पर्वत, सागर गहरा, चंचल दरिया
जननी सी धरती, रब सबसे बड़ा चितेरा है

****

32

जिन्दगी मैं तेरा ऐतबार करू या न करू
चुपके से बता दे प्यार करू या न करू

पाने को मंजिल, सफर में ही भटकते रहे
कोई सनम का इंतजार करू या न करू

हर वादे से मुकरते रहे वो है बड़े बेरहम
उस बेवफा से इकरार करू या न करू

किसी के सहारे पर बढ़ता रहा मैं अकेले
अपने वजूद पे अहंकार करू या न करू

बर्बादी ही झेलते आजादी से जन्मे दो भाई
गुमराह भाई से सहकार करू या न करू

पूजन, ईबादत से बहुत हो गई जग हंसाई
बताए कोई रब से करार करू या न करू

****

33

बिखर कर संवर न पाया अवसर मेरी तलाश में है
बहक कर राह पर रूका सफर मेरी तलाश में है

छीनकर लाया था किसी बेबस की रोटी और हंसी
बस्ती के उसी मासूम का खंजर मेरी तलाश में है

नफरत के शिकंजों में कैद क्यों है ये आजाद ईश्वर
युगों से ढहते बनते कई खंडहर मेरी तलाश में है

आदमियत की बस ईबादत पहुंचा आया मैं घर—घर
उधर की मस्जिद इधर का मंदिर मेरी तलाश में है

जमीं की खुशी के लिए मैने चुराया था खारा पानी
पर व्यवस्था का बेरहम समन्दर मेरी तलाश में है

मैं ढूढ़ नहीं पाया रब सबब की मशविरे गफलते
पर अब दुनिया का ही ईश्वर मेरी तलाश में है

****

34

शायर लिखता नहीं कोई और लिखाता है
बिन मांगे ही सब कुछ दे देता विधाता है

तुम बस आँसू की ही गगरी भर लाना
वह तो प्यारी खुबसूरत गजल गाता है

मुकाम के लिए वह यूं ही भटकता रहता
पर तुम्हें तो मंजिल की राह दिखाता है

धरती के लिए नीलकंठ सा गरल पीकर
खुशियों का बस सबको अमृत पिलाता है

अगर तुम चाहो तो वह भी अमर हो जाए
जो स्वयं मरकर सब को ही जिलाता है

तुम भी अर्जुन बन कोई गांडिव ले आओ
कवि कृष्ण सा भगवद् गीता सुनाता है

****

35

पीड़ा जब भी जितनी अपार होती है
कोई प्यारी सी रचना साकार होती है

खुशबू तब फैलेगी संवरेगी जब नारी
माता ही तो बच्चों का आधार होती है

नफरत गफलत सब आप भूल जाइये
हादसों में तो ये सभी तलवार होती है

बेरहम समय को इतना ही तो बताइये
इन्सानियत भी बड़ी ही लाचार होती है

शूलों से ही क्यों हो हमे शिकवा गिला
फूलों से ही जब बहार बीमार होती है

भावना किसी की भी कभी मत दबाइये
यह तो दिल का नाजुक गुबार होती है

सूरत के तले आपका दीपक ही सही
रोशनी तो बस हर प्रकार होती है

जमीं पर अब कोई कृष्ण आयेगा नहीं
बस अब द्रोपदी की ही पुकार होती है

****

36

धुंधले उजाले शिकायत कर रहे हैं
उजले अंधेरे तो बगावत कर रहे हैं

जुल्म के घावों पर मरहम लगा आये
कहने को कोई हिफाजत कर रहे हैं

जिस जगह तोड़ दी गरीबों की बस्ती
कल से वहां कोई अदालत कर रहे हैं

ये मालूम है हमें वो हो जायेंगे नाराज
सच बोलने की हम शरारत कर रहे हैं

मंदिर, मस्जिद पर ही पहरा लगा आये
कहने को वो रब की इबादत कर रहे हैं

किसी के आँसू को ही जो हँसी दे आये
वक़्त से बड़ी ही अदावत कर रहे हैं

****

37

यह जिन्दगी खोती बहुत है
जब कभी चाहती बहुत है

नदी अब सब पानी पी गई
धरती प्यासी लगती बहुत है

आप खामोशी का गुनाह करे
आप करती ठिठोली बहुत है

अब दिखता नहीं हमें कुछ भी
जब होती इधर रोशनी बहुत है

बैठे बैठे ही बंद हो जाती आँखे
नींद में तो यह जागती बहुत है

कुछ चंद उजले धरों के खातिर
अब यहां अंधेरी बस्ती बहुत है

आप करते है हम पर विचार
इन्सानियत अभी थोड़ी बहुत है

आप समस्या ना सुलझाइये
अब शिकायत आती बहुत हैं

अब बस रोतो को ही हंसाइये
बेबस की हंसी रोती बहुत है

जमीन पर थोड़ी छांव के बाद
कड़कती धूप तो आई बहुत है

****

38

यह दुनिया बस बसेरा है
न घर तेरा है ना मेरा है

हम नाचते रहे बीन पर
वो रब निकला सपेरा है

हमें कोई रोटी न दिखाइये
अब यहां भूख का पहरा है

शिकवा नहीं चांद के दाग से
दाग हमारा तुम्हारा गहरा है

अच्छा किया जो आपने देखा
लग रहा उजला सा सवेरा है

हमें तो अकेले ही चलना
न कोई तेरा है न मेरा है

हम सब आये थे खाली हाथ
बस रब सब कुछ ही तेरा है

हम सब जायेंगे खाली हाथ
कुछ भी तो नहीं जब मेरा है

****

39

व्यथा की कथा है, निष्ठुर समाज कर दिया
व्यवस्था ने अब बेअसर स्वराज कर दिया

हर जीवन को अवसान देती रही ये परछाइयां
इन्सान ने शैतान को जब हमराज कर दिया

फिर काम कोई आती नहीं अब नजदीकियां
हर किसी ने जब नजर अन्दाज कर दिया

हर तरफ मासूम की सिसकियां ही सिसकियां
फिर भी उसको हमने गरीब नवाज कर दिया

मुलाकात की आवाज देती नहीं कोई तन्हाइयां
आज की दुश्वारी ने सबको बेआवाज कर दिया

करार, करूणा, कर्तव्य की नहीं कोई गहराइयां
अपकार, आतंक, अन्याय को जाबांज कर दिया

आबाद वादियों पर बरस रही अनचाही गोलियां
जेहाद ने दुश्मन को बड़ा चालबाज कर दिया

जर जोर जुल्म से अब लाचार है यह दुनिया
व्यभिचार अनाचार ने इसे बेइलाज कर दिया

तूफान की है चल रही अब चारो तरफ आंधियां
जहांन को हमने बस डूबा सा जहांज कर दिया

कल आने वाली सदी पायेगी कैसे किलकारियां
छल कर किसी ने जब घायल आज कर दिया

****

40

नई सदी में कोई खुबसूरत करार आना चाहिए
गुजरी सदी में हुई जो तकरार जाना चाहिए

आतंक की जुबानी सुन चुके हम लम्बी कहानी
अब अमन चैन के गीत मल्हार गाना चाहिए

अभाव समस्या के हम सब पतझड़ झेल चुके
विकास के बसन्त की सौगात लाना चाहिए

तसव्वुर ख्वाबों के वसन हम बहुत बुन चुके
अब जहीन हकीकत का ताना बाना चाहिए

उपासना के तले बहुत सह चुके कड़कती धूप
अब की खुबसूरत अहसास भी छाना चाहिए

जीने जिलाने में परतंत्र हो गए आजाद लोग
खुशहाली के लिए अब इन्कलाब लाना चाहिए

****

41

शहर के अंधेरे झेलते उजले गांव मेरी निगाह में है
कड़क धूप से सिसकती ठंडी छांव मेरी निगाह में है

सस्ती खुशबु से कहां पाइयेगा आप कोई महंगी महक
इन्सान जो बिक रहे माटी के भाव मेरी निगाह में है

कोई चुरा ले गया चुपके से हमारे तुम्हारे मुकाम सब
किसी मंजिल को तरसके बढ़ते पांव मेरी निगाह में है

बिना किसी सहारे हम पा नहीं सकेंगे कोई किनारे
इस समय की नदी में डूबती नाँव मेरी निगाह में है

दुनिया के बाजार में चल रहा बस हर तरह का जुआ
जो जिन्दगी का अब लगा रहे दांव मेरी निगाह में है

खुशहाली और तंगहाली का अंतर करना होगा कम
वक्त के जो बस झेलते रहे बहाव मेरी निगाह में है

आने वाली सदी में हमें युद्ध को देना होगा विश्राम
वो बेबस मासूम के बिन भरे घाव मेरी निगाह में है

किसी असहाय पर लिखना होगी अब की गजल
बरसते आंसू के हो रहे भाव ताव, मेरी निगाह में है

****

42

धरती पर बरसे बन बादल मेरी हर गजल
प्यार की है लहलहाती फसल मेरी हर गजल

बियाबान हालात में आप बस गुनगुनाईये
खामोश दिल को दे हलचल मेरी हर गजल

चमन की बहार का है मुझे भी इंतजार
तेरे घर भी महकेगी कल मेरी हर गजल

प्यार में होती कभी तकरार भी कोई इकरार के लिये
करार के लिये बेकरारी से मचल मेरी हर गजल

घर घर के अंधेरों को रोशनी की बहुत तलाश
आंगन के लिये दीपक सी जल मेरी हर गजल

पराये तो अनजाने से यूं ही चले जायेंगे
अपनों से ही बस संभल मेरी हर गजल

गरीब की झोपड़ी ही मुझे देगी सहारा
महल से बस निकल मेरी हर गजल

कल के उजालों को होगा मेरी शहादत का अहसास
आज के अंधेरे तले भले घायल मेरी हर गजल

****

43

हिन्दी न हिली, ना हिलेगी कभी भी, अद्वितीय आयाम से
यहीं संवारती, निखारती साहित्य, जन जन के नाम से

जगमग धरा यह, तुलसी, कबीर, सूर, मीरा के प्रकाश से
हिन्दी की कविता है अजर, अमर, इन चार धाम से

हिन्दी फिर आवाज दे रही जायसी, रहीम, रसखान को
कौम, मजहब के सिलसिले टूटेंगे, जिनके कलाम से

हिन्दी ही है दर्पण जो हमारा, तुम्हारा सब चेहरा देखे
जुड़ी प्रेमचंद की कहानी, जन साधारण के मुकाम से

मैथिली, माखन, मुक्तिबोध, दिनकर, दुष्यंत, अज्ञेय
हिन्दी बही सतत धारा सी सदैव, जिनके अविराम से

प्रसाद, पंत, निराला, महादेवी से हिन्दी ने छांव पाई
नीरज गा रहा अब भी, किसी धूप को मिलाने शाम से

हरियाली हो हंसती, हंसाती हर हृदय, हर्षमय हिन्दी ही
कहे कथाकार की कर कलम कटुता के किसी कोहराम स

टूटे हम, टूटे घर, टूटे दिल, टूटा प्यार और इकरार
ये सब जुड़ जाये फिर हिन्दी, काव्य, कविता के काम से

****

44

हर लम्हें को ईमान दे रहा हूँ मैं
कितना बड़ा इम्तिहान दे रहा हूँ मैं

नेह के मेघ से बरस जाना तुम
प्यासे खेत खलिहान दे रहा हूँ मैं

जीवन की धूप छांव के खेल में
ताप संताप को अवसान दे रहा हूँ मैं

तकरार में भी लाना तुम बहार
इकरार के बियाबान दे रहा हूँ मैं

भटक न जाये किसी दर पर कोई
घर घर भगवान दे रहा हूँ मैं

सब तरफ उजाला ही उजाला फैले
जमीन पर आसमान दे रहा हूँ मैं

पीड़ा में भी आ जाये कोई हंसी
बच्चों सी मुस्कान दे रहा हूँ मैं

पिघल जायेगा पत्थर एक दिन
मोम को चट्टान दे रहा हूँ मैं

जन जन की जुबां हिन्दुस्तानी में
हिंदी उर्दू को पहचान दे रहा हूँ मैं

प्यार की हवा दिल की खिड़की से आये
गजल का खूबसूरत मकान दे रहा हूँ मैं

****

45

बिटियां परार्थ के लिये साकार करती सुनहरा स्वप्न है
तभी तो यह यथार्थ में आपके लिये होती पराया धन है

बिटियां को सहलाओ संवारों अपने दुलार से
सुबह शाम जिससे ही जगमग घर का आंगन है

बिटियां नई नवेली प्रीत की परिधि में सलोनी सी
अठखेलियों से पल पल निखरता इसका हंसता बदन है

बिटियां आपकी चाहती है कोई सुहानी सी बहार
तभी तो इसकी खुशबू से महकेगा सब चमन है

बिटियां हो सकती सीता, सावित्री, मीरा या अहिल्या
इसलिये हो इस पर अर्पण, अपना सारा जीवन है

बिटियां ही जीजाबाई बन दे सकती शिवा को आकार
नारी के संस्कार पर ही निर्भर यह सारा वतन है

बिटियां पद्मिनी सी या वीरांगना लक्ष्मीबाई सी
आलोकित करती जो अभी तक शहादत का गगन है

बिटियां ही लायेगी नई पीढ़ी को खूबसूरत दहलीज पर
अद्वितीय यह, कहलाती तभी तो ईश्वर का अद्भुत सृजन है

****

46

जिस्म जुदा जुदा जान एक है
रंग रूप से परे इंसान एक है

सूरज चांद देते एक सी रोशनी
नील गगन तले जहान एक है

क्यों मुल्क बांटते हिस्सों में
धरती एक आसमान एक है

रास्ते अलग अलग मुसाफिर के
मंजिल एक भगवान एक है

जात–पात, ऊंच–नीच है बेमानी
खून एक पहचान एक है

हम इंसान–इंसान को क्यों बांटे
सुबह दोपहर अवसान एक हैं

अयोध्या है दोनों का रहवास
सबब राम रहमान एक है

महकेगी काश्मीर की क्यारी
गर पाक हिन्दुस्तान एक है

पढ़ो गीता बाईबल कुरान
मानव धर्म एक ज्ञान एक है

****

47

चार दिन की जिंदगी में प्यार की बात तो करें
कब चले जायेंगे कोई सुहानी मुलाकात तो करें

हमारे जवाब से प्यार और हो जायेगा लाजवाब
आये कोई प्यार से प्यार के सवालात तो करे

हमें भी आता है लाना कोई नई सुबह
कोई शाम को आये सुकून की रात तो करे

शूल के आसपास फूल छांव के साथ है धूप
सुखदुख मिलजुल बंट जाए ऐसे हालात तो करें

तकरार होकर बेकरार कर रही इंतजार इकरार का
इजहार हो बस प्यार का ऐसे जज्बात तो करें

लौटेगी फिजा छांव खुशबू और खुशहाली
पंछियों के गुनगुनाने के बस जंगलात तो करें

जहन्नुम सी दुनियां की मिट जाएगी बदसूरती
जन्नत आने को बेकरार खूबसूरत ख्यालात तो करें

****

48

सूरज की किरण चांदनी में नहाया है बचपन
मां से सहलाया माटी ने महकाया है बचपन

कभी तो महकेगा यह बन खूबसूरत खुशबू
घर घर आंगन में ही खिलखिलाया है बचपन

देख उसकी चंचल चितवन हम स्वयं को गये बिसर
नटखट अठलेखियों से हंसी लाया है बचपन

संस्कार सत्कर्म से संवरे सब सृजन
जीवन के कण कण में ही तो समाया है बचपन

पल पल पले प्रीत परिधि में सारा ही बचपन
सबब लौटकर दुबारा न कभी आया है बचपन

बचपन से निखरा संवरा इस धरा का जीवन
रूठा रोया मना हंसा फिर मुस्कराया है बचपन

बीते कल के तले आने वाले कल के ही लिये
मेरी गजल में आज साज बन गुनगुनाया है बचपन

****

49

माँ घर घर का आंगन महकाती नेह का मेघ बरसाती माँ
मधुमय ममता में मदमस्त मन मोह मंद मंद मुस्कराती माँ

माँ वीरान पतझड़ में लाती, खुशबू सी हलचलमय बहार
पल पल प्रीत परिधि में हर्षित हरियाली हंसती हंसाती माँ

माँ के अभ्यास से ही प्रयास और फिर संभव सारा विकास
उजले आगोश तले स्नेहमय आंचल से जहाँ जगमगाती माँ

माँ हमारी नई सुबह के लिये अंधकार से भी करती सुलह
सुकून की रात के लिये ही लोरियां सुनाती थपथपाती माँ

माँ के संस्कार से ही साकार आधार करार और फिर इकरार
आंधी की हाहाकार में भी प्यार की पताका फहराती माँ

माँ के वजूद से ही आदमी जमीं और एक खूबसूरत संसार
हमारी तुम्हारी जिंदगी की ही तो गजल गाती गुनगुनाती माँ

****

50

मिला जो खो गया जिंदगी अकेली है
उम्र भर तलाश जिंदगी पहेली है

आहत कर गई कोई प्यारी चाहत
जिंदगी ऐसी जैसे बेवफा सहेली है

जिंदगी तू न होना कभी भी निराश
आज चुभन तो कल महकेगी चमेली है

गरीब झोपड़ी में हंसी की महफिल मगर
अपने को ही रोती वीरान हवेली है

कहती टेढ़ी–मेढ़ी रेखाओं की हथेली है
जिंदगी उजली नहीं होती मटमेली है

सुख ने ही दुःख से पूछा कहाँ है सुकून
जिंदगी ने भी क्या क्या मुसीबत झेली है

जिंदगी यह क्यों बेबस हो गई इतनी
सितम की ही सब तरफ रंगरंगेली है

पुरानी यादों पर कब तक रोना
हंसे हंसाये जिंदगी नई नवेली है

अब तो दे मेरे वजूद को कोई पहचान
जिंदगी तूने बहुत खेली अठखेली है

****

51

कौन कब कहाँ किसी का दिल परखता है
आदमी वो नहीं जो आईने में दिखता है

आप इल्जाम क्यों दे रहे शराब साकी पैमाने को
जिंदगी ही मयखाना आदमी सिर्फ बहकता है

जुल्म सितम में वो एक पत्थर से ही नजर आये
मजलूम मासूम आदमी का ही दिल पिघलता है

खिलौनों सी टूट न जाये जिंदगी ही एक दिन
बार बार गिरने पर भी आदमी कब संभलता है

अब तो कोई हकीकत की शरारत से बाज आये
ख्वाब में ही यह बेचारा आदमी संवरता है

****

52

अहसास की समस्या का हल है गजल
एक मानव धर्म की चहल पहल है गजल

नफरत के आज में है प्यार की आवाज
हालात के दल दल में कमल है गजल

बाहर के दरवाजे बंद अंदर की खिड़की
महकती खुशबू पुरवाई सी चंचल है गजल

इंसान—इंसान अब चिड़िया से चहचहाये
घोसलों के लिये पेड़दार जंगल है गजल

प्यार से भीगी यह लायेगी हरियाली
समय के गहरे सूखे में गंगाजल है गजल

कलम के इस आईने में देखिये चेहरा
असल में आपकी ही नकल है गजल

हर बस्ती में लौट आये बच्चों सी मस्ती
ममता लिये माँ का आंचल है गजल

आज के बहते आंसू कल देंगे हंसी
नदी धारा सी सतत कलकल है गजल

****

53

आईना मेरे न कोई काम आया
देखा खुद को तो इल्जाम आया

रात भर देखता रहा तेरे सपने
याद ना तुझे जब मैं सुबहोशाम आया

हो रही यहाँ बेसिर पैर की बातें
लब पर जब भी तेरा नाम आया

सबूत है तेरे मेरे घर से उड़ते हुये धुंए
आग बुझाने न कोई बाबर ना कोई राम आया

मिला क्या इन सरहदी लकीरों से
न उन्हें चैन ना हमें आराम आया

सिसकी सी साकी ने पिला दी मुझे
आंसू से लबालब तेरा जाम आया

खुशी की महफिल में हम रहे तन्हां से
एक गम ही है जो हमारे काम आया

जिन्दगी, तुझसे सवाल करता रहा मैं
जवाब बन अब मौत का पैगाम आया

****

54

मैं कवि हूँ खूबसूरत विचार दूंगा
शब्द को अर्थ का ही आकार दूंगा

तुम प्यार के पुल ही बनाते चलो
मैं हर नफरत को भारी दीवार दूंगा

गफलत को मैं हालात लाचार दूंगा
उल्फत को ही अब इजहार दूंगा

बस मन्दिर मस्जिद से तुम चले आओ
मैं उस रब का ही सब दीदार दूंगा

बस बेकरार को मैं करार दूंगा
सब करार को ही इकरार दूंगा

अब खुशी की हो सब चहल पहल
मैं हर किसी को बस पुकार दूंगा

हर कर्तव्य को सब आभार दूंगा
सद गंतव्य को ही मैं आधार दूंगा

बस तुम उत्पीड़न को विराम देना
मैं हर शोषण को ही इंतजार दूंगा

मैं सब को गीता का सार दूंगा
ज्ञान के ही पंख विस्तार दूंगा

तुम असत्य को न खुली हवा देना
मैं सत्य को भव्य उद्‌गार दूंगा

मैं हर बेघर को आकार दूंगा
भूख को भरपूर आगार दूंगा

बस तन सब ढक जाये वसन से
मैं सबको सब अधिकार दूंगा

मैं हर पतझड़ को बहार दूंगा
बस बहार को ही श्रृंगार दूंगा

सब फले फूले फुलवारी से अब
मैं खुशबू सबको बेशुमार दूंगा

मैं विश्वास को अभिसार दूंगा
हर आस को ही मनुहार दूंगा

करना है सितम गम निराकार
मैं बस अमन चैन साकार दूंगा

मैं आंतक को चीत्कार दूंगा
युग को अहिंसा का अवतार दूंगा

वतन पर आंच आये फिर भी
मैं हर हाथ को ही तलवार दूंगा

तामस तन को मैं ललकार दूंगा
मादक मन को हाहाकार दूंगा

तुम लोभ मोह को तिरस्कार देना
मैं प्रेम प्यार को पुरस्कार दूंगा

मैं संगीत को मल्हार दूंगा
मैं गीत को लय हर प्रकार दूंगा

तुम न करना दुश्मनी किसी से
मैं मीत सा संग बार–बार दूंगा

मैं हर धार को मझधार दूंगा
बस बहने का एतबार दूंगा

तुम सुकून से कश्ती में आ जाना
मैं प्रीत की ही पतवार दूंगा

इस पार को उस पार दूंगा
उस पार को भी इस पार दूंगा

बस दिल मिले अब हमारे तुम्हारे
मैं आजादी का खोया उपहार दूंगा

हर लाल को मां का दुलार दूंगा
बहिन को स्नेह का सत्कार दूंगा

मिटे जंग जोर जुल्म अभी से
मैं धरा को प्यार ही प्यार दूंगा

संस्कृति को ही संस्कार दूंगा
विकृति को गहन अंधकार दूंगा

तुम सब दरवाजे खुले रखना
मैं रोशनी की ही भरमार दूंगा

मैं बदी को ही करारी हार दूंगा
नेकी को फूलों का हार दूंगा

तंगहाली के दिन अब गुजर जाये
मैं ऐसा खुशहाल संसार दूंगा

****

55

राम घर घर जाओ ना
मन्दिर से दूर आओ ना
गफलत की उड़ रही खबर
नफरत ही कर रही सफर
मोहब्बत पर ढाया कहर
उल्फत का खोया मंजर
राम घर घर जाओ ना
मन्दिर से दूर आओ ना

मस्जिद से आयेगी अजान
मन्दिर में संवरेगा ध्यान
हिंदू के हाथ में हो कुरान
मुस्लिम को गीता से ज्ञान
भ्रम का फैला ज्वर मिटाओ ना
धर्म का गुर समझाओ ना
राम घर घर जाओ ना

हम भी तेरे वह भी तेरे
फिर मजहब के हैं क्यों घेरे
रास्तों के हो उजले सवेरे
तेरी रोशनी से मिटे अंधेरे
प्रकाश के पहर लाओ ना

आकाश जरूर सजाओ ना
राम घर घर जाओ ना

काशी, काबा, साई, ख्वाजा
धर्म खोलता दिल का दरवाजा
चाहे कोई रंक हो या राजा
रब ही तो सबका महाराजा
रंग रूप से परे हमसफर आओ ना
इकरार का दस्तूर निभाओ ना
राम घर घर जाओ ना

जायसी से प्रीत की महफिल
रहीम के छंदों से साहिल
कबीर से है राहे मंजिल
गालिब की गजलें झिलमिल
खुसरो प्यार के स्वर गाओ ना
रसखान श्याम का नूर दिखाओ ना
राम घर घर जाओ ना

कुछ न मिला करके उन्माद
एक थे, एक है, कैसा जेहाद
टूटे हम तो, बर्बादी आजाद
लूटे जो, मिल के होंगे आबाद

खुशहाली के गांव शहर बसाओ ना
तंगहाली का फिर कसूर कराओ ना
राम घर घर जाओ ना

बेसबब उड़े न किसी की नींद
खुशी से ही मने दिवाली, ईद
रहे याद सबको अब्दुल हमीद
न हो कोई भी बेवजह शहीद
खून के प्यासों को जहर पिलाओ ना
मां, बहिनों का सिन्दूर बचाओ ना
राम घर घर जाओ ना

हालात ऐसे जैसे विषैला नाग
जज्बात से गुमसुम राग, फाग
दिल के साथ, बस्ती में भी आग
मिल रहे हरतरफ खून के दाग
इल्म की ही बसर कराओ ना
जुल्म का गुरूर मिटाओ ना
राम घर घर जाओ ना

हिन्दू मुस्लमां, सिक्ख ईसाई
पहले भी थे, अब भी भाई
कौम, धर्म से परे एक इकाई

प्रेम, प्रीत, प्यार की परछाई
जहां को नेक डगर दिखाओ ना
इन्सां को खुदा की हूर बनाओ ना
राम घर घर जाओ ना

****

56

जिंदगी के भी क्या क्या अहसास हैं
कभी गरल की बेला, कभी मधुमास है

कहकहे चुपचाप खो जाते हैं कहीं
सिसकियों से भरा पूरा इतिहास है

उदास बादल बरस जायेंगे एक दिन
पर जब तक न होना तुम उदास है

आंसू के पल लायेंगे हंसी के भी क्षण
सुख दुःख का सदैव सहवास है

मिले या न मिले भरपूर जिंदगी
करते रहना बस जीने का अभ्यास है

कर्म हमारा धर्म पूजा इबादत
जिंदगी ही गृहस्थी का सन्यास है

बिना अंधेरों के भी आती नहीं रोशनी
धुंधली भोर उजली किरण का आभास है

कर भला सबका तुम अच्छा सोचो
नेकी का फल मिलता अनायास है

तुम्हारे घर अनायास चले आयेंगे एक दिन
खुशी और गम रहते ही आसपास है

मंदिर मस्जिद में बस जा फिर से यारब
बेचैन दिल कब से ढूंढ रहा तेरा रहवास है

प्यार पर्वत प्यार सागर यार से ही यह जहां है
प्यार सूरज की किरण चांदनी जगमग आसपास है

****

57

हुस्नों इश्क के प्यार के लम्हे होते सदा जवान है
एक दिल एक धड़कन और फिर बस एक जान है

प्यार के मुसाफिर का साथ साथ चलने का ऐलान है
एक ही राह एक ही सफर और एक ही कारवान है

प्यार के ही सहारे होते हम एक दूसरे पर मेहरबान है
एक सी खुशी एक सी हंसी और एक सी मुस्कान है

प्यार के जो मदरसे जाते देते एक दूसरे पर ध्यान है
उनका होता एक इल्म एक सबक और एक सा इम्तिहान है

जीते मरते साथ साथ प्यार में बदलते नहीं बयान है
एक सा इजहार एक से अल्फाज और एक सी जुबान है

प्यार के खूबसूरत अन्दाज हर कोई एक दूजे पर कुर्बान है
एक सी कशिश एक सा अहसास एक सा उनवान है

प्यार ऐतबार प्यार इकरार और यह प्यारा एहसान है
यह दिल की रुबाई गीत गजल कोई सुहाना गान है

प्यार की जुस्तजू में बस जीने जिलाने का अरमान है
प्यार दस्तक प्यार आहट और दिल का मकान है

प्यार में ऊंच–नीच नहीं ना कोई शातिर ना नादान है
प्यार के अनवर से फकीर भी तो लगता सुल्तान है

प्यार के आरम्भ का होता नहीं कभी भी अवसान है
यह देता उजाला खुशबू फिजा चंचलमान है

प्यार बचपन प्यार यौवन और आगे फिर बस शमशान है
प्यार कीजिये जरुर यहां दो चार दिन के मेहमान है

प्यार है तो शबाब है बहार है और फिर गुलिस्तान है
यही मंजिल यही महफिल इससे ही बनती दास्तान है

प्यार है तो उल्लास है इस बिन सब सुनसान है
प्यार उल्फत प्यार वफा अन्यथा जमीं ही लहुलुहान है

प्यार की कोई कौम अथवा धर्म से नहीं पहचान है
प्यार ही महावीर गौतम ईशा राम और रहमान है

प्यार है नेकी का दरिया जिसमें बहता ईमान है
यही अकीदत पूजा इबादत इल्तिजा अजान है

प्यार से ही बस बन सकता हर आदमी इन्सान है
प्यार बाईबिल प्यार गीता और प्यार ही कुरान है

प्यार काशी प्यार काबा और यीशु का स्थान है
दिल में हो गर सच्चा प्यार तो मिलता भगवान है

प्यार पाबन्दी से परे न हिंदू और ना मुसलमान है
प्यार तुलसी सूर मीरा जायसी कबीर रसखान है

प्यार की सीमा रेखा नहीं यह असीम है महान है
मिल–जुल आगे बढ़े फले फूले पाक हिन्दुस्तान है

****

58

कोई खूबसूरत जलाल, मेरी आंखों में है
बस तुम्हारा प्यार मेरी आंखों में है

जवाब है सिर्फ किसी आँसूओ में डूबना
सैलाब से उठे सवाल मेरी आंखों में है

खौफनाक ख्वाबों से लगता नहीं डर
भयानक सा वर्तमान मेरी आंखों में है

करा सोच कर किसी का इन्तजार
मेरा दिलोदिमाग मेरी आंखों में है

हाल अपने ही घर के देखता नहीं मैं
वतन का भी ख्याल मेरी आंखों में है

पहेली है जिंदगी पाने खोने की कहानी
तेज किरण का अवसान मेरी आंखों में है

अहसास घायल है बाबरी के ढहने से
सोमनाथ का इतिहास मेरी आंखों में है

लगता नहीं है डर मुझे किसी आग से
घर जलाता चिराग मेरी आंखों में है

मेरे दिल की गहराई तुम चले आये
सिमटा सारा संसार मेरी आंखों में है

आज कुछ भी दिखाई देता नहीं मुझे
सूरज का आसमान मेरी आंखों में है

गम होते नहीं अब परायों के वार से
अपनों ने किये दाव मेरी आंखों में है

शामिल हूं हर पहर किसी के आंसू में
सब सिसकते जज्बात मेरी आंखों में है

संभलकर ही छूना कभी बरसाना नहीं पत्थर
शीशे पे कंकर की मार मेरी आंखों में है

आंधी मातम में भी हम तो पाएंगे रोशनी
गांधी गौतम का प्रकाश मेरी आंखों में है

जरूरी नहीं अब तुम मुझे देखो निहारो
तुम्हारी प्यारी सी आंख मेरी आंखों में है

****

59

धुंधले होते रहे अब सारे जमीं के निशान
निहारता रहा जब हर कोई आसमान

पहिले आज इन्सान पहचान ले बस इन्सान
पूजता रहे चाहे वह फिर हर पहर भगवान

साहिल भी न झेल पा रहा सागर का तूफान
सिमटा है सारा सैलाब बन गागर में उफान

मिल जुलकर ही तो संवारना होगा यहाँ जहान
जीना जिलाना जब जिंदगी का नहीं आसान

महफिल में जब मिल गये कई लोग अनजान
मुश्किल सी होती तब अपनो की भी पहचान

मंजिल भी है खामोश जब राहें हो सुनसान
ओझल ही हो गया सत्य है झूठों का गुणगान

सरहद पर हो रही जब तकरार जंग घमासान
हस्तियां मिट गई कई धरती हुई लहुलुहान

उन्माद जेहाद के नाम पर हर हो गया शैतान
बस्तियां लुट गई घर घर बने शमशान

आभाव, मुफलिसी का करना होगा समाधान
भय, भूख, भ्रष्टाचार का लाना होगा अवसान

बहारो से सजे उपवन हो हर कोई बागवान
सतत हो अमन–चैन खुशहाली का अभियान

****

60

मजहब की तोड़कर सारी दीवार मैंने
उस रब का कर लिया अब दीदार मैंने

प्यार के पुल पर बढ़ कर मैं चला आया
महबूब के सामने कर लिया इजहार मैंने

गरीब के दिल की देखकर इतनी ऊंचाई
झोपड़ी में ही पाया कुतुब मीनार मैंने

वेदना की नींव पर भावना की छत बना
शब्दों को दे दिया घर का आकार मैंने

मुझे ही करना होगी ईश्वर की तलाश
बहुत कर लिया आपका इंतजार मैंने

अपने ही अन्दर आप बस उसे देखिये
खटखटा दिया है दिल का द्वार मैंने

जब जाना ही है तय उस पार मुझे
इस पार कर ली उससे आंखे चार मैंने

लिखकर एक मानव धर्म पर प्यारी गजल
स्वप्न को अपने कर लिया साकार मैंने

****

श्री संजय जाजू

संजय जाजू ने अपने पिता श्री नारायण दास जाजू के पदचिन्हों पर चलते हुए, साहित्यिक दुनिया में कदम इस पुस्तक के माध्यम से रखा है। B.E, M.Tech., ICWA करके इन्होंने भारतीय प्रशासनिक सेवा (I.A.S) वर्ष 1992 में जॉइन की। वर्तमान में ये भारत सरकार की Ministry of Defence में अपर सचिव के पद पर कार्यरत हैं। हाल ही में माननीय प्रधानमंत्रीजी द्वारा लोक सेवा में उत्कृष्ट योगदान के लिए इन्हें राष्ट्रीय स्तर पर सम्मानित किया गया।

पापाजी के अवतरण दिवस पर श्रद्धा सुमन

मानता हूँ मैं तेरी कोई मिसाल नहीं
यादों में निकल गए माहोंसाल कई

कुछ तेरी शख़्सियत दमदार थी जरूर
सिर्फ चेहरे का ही लगता ये कमाल नहीं

दूर हुए हो तुम हमसे इतना चाहे मगर
तुझे भूल जायें इरादा ये फिलहाल नहीं

होश से वाबसता हम थे कभी इस तरह
बेख़याली ऐसी अब कुछ रहा ख़याल नहीं

जो चाहा ना मिला इतनी शिकायत हैं मगर
जिंदगी की धूप छाँव से रहे नहीं मलाल कभी

लालच और जरूरतें सामने थी हमारे भी
आत्मा को बेच आते ऐसे हमारे हाल नहीं

61

दबी हुई जुस्तजू से खुद को सताता है
हकीक़त दिल मेरा क्यों नहीं बताता है

ये तो परिंदों की मासूमियत है वरना
अब दूसरों के घर कौन जाता है

खुशकिस्मत हैं नामचीन दुनिया में
भला अपनी तक़दीर कौन कहाँ पाता है

कुछ तो बात ऐसी होगी जरूर
भला अब कौन किसी के काम आता है

खुशनुमा एहसास से सबको बांधे
हवाओं का पहाड़ों से कुछ ऐसा नाता है

सूरज अपनी रोशनी हर किसी को बाँटे
पोटली में भर के तोहफे हजार लाता है

****

62

गुलमोहर की छाँव में मेरा उससे मिलना हुआ करता था
उसकी गली का रास्ता कुछ वहीं से मुड़ा करता था

मेरे कांधों पे यह हाथों के निशान बयान करते हैं
वो मेरा दोस्त जो बचपन में मेरा हमसफर हुआ करता था

बढ़ी अजीब थी वो पहले प्यार की उलझी सी कशिश
उसे भूलता था कभी तो पाने की दुआ करता था

उसका रूठ जाना और मुझ से मुँह चुराना
ना चाहते हुए भी वो दिल से मेरे जुड़ा करता था

देगी आने वाली हर पुश्तें उस फरिश्ते की मिसाल
अपनी बातों के तरन्नुम से हर दिल को छुआ करता था

बढ़ा अजीबोगरीब थी नादानी उस शख्स की
खुद में थे ऐब सभी पर हर एक को बुरा कहता था

****

63

कभी हम दिल को कभी दिल हम को समझाता है
आजमाइशों का वक्त कुछ यूँ ही कट जाता है

कोई सीखे उससे जिंदादिली क्या होती है
गम जितना भी मिले हंसते हंसते सह जाता है

बहुत दिल खोल के मिलो तुम अब उनसे
सामने आज जो हैं ख़यालों में वो रह जाता है

उसके आते ही बिखर जाती हैं ख़ुशबू हर सू
मेरे हिस्से का दुख भी कुछ थोड़ा बट जाता है

बेटियों को घर से विदा करने पर
आंसुओं का बांध सैलाब बन बह जाता है

चाहिए जोश और चमन पाने की जिंदा उम्मीद
रास्ते में जो पत्थर हैं खुदबखुद हट जाता है

****

64

रौशनी मिले सबको इक आधा दिया जला देना
किसी रोते हुए बच्चे से रोटी का रिश्ता बना लेना

आते हो ख़यालात कुछ जुल्मी भरी हो नफरतें
अपने अंदर के रावण को अंदर ही तुम हरा देना

यह जरूरी नहीं के फिक्र उसको भी उतनी हो मगर
अपने सुलगते जज्बातों को तुम भी नहीं दबा लेना

मैं मानता हूँ मेरा कुसूर कुछ ज्यादा है इस दफा
भूलता नहीं मगर तेरा चिंगारियों का वो हवा देना

मोहल्ले की रौनक़ है दिवाली से तो ईद से भी
मेरे हाथ में दिया हो तो लोबान तुम लगा देना

****

65

कभी सामने रहे वो संभाल लूँ अपनी यादों को
बिना इजाजत जेहन में आने से दख़ल पड़ता है

ऊँचे पहाड़ टेढ़े मेढ़े रास्ते नदियों की ललकार
शहसवार जिन्हें अड़चनो से कहाँ फरक पड़ता हैं

हमसफर हैं मेरा मंजिल एक ठिकाना एक
अक्सर उठते हैं कदम मिलाने से मगर डरता हैं

कुछ गिले शिकायतें करार थोड़ी बेवफाईयाँ
मोहब्बत का खुमार असर होते असर करता हैं

रुक सी गयी हैं जिंदगी खड़ा हूँ अपने ठोर पर
ये रास्ता हैं मेरा जो भागे भागे सफर करता हैं

****

66

आइना बिखरा लाकर दिखाया आपने
मुझको मेरा फसाना सुनाया आपने

प्यार की महक कुछ इस तरह हुई
जिंदगी से मुझको मिलाया आपने

खुदबखुद आप क्यों मुस्कुराने लगे
ऐसा क्या हुजूर फरमाया आपने

मास्टर की डाँटे कभी थोड़ी फटकारें
संभल संभल के चलना सिखाया आपने

दोस्त क्या ऐसा दुशमन भी ना करे
आँसुओ का दरिया बहाया आपने

घर क्या बने और बढ़ते ही गए
रेत के टीलों को मिटाया आपने

माँ तेरा कर्ज चुक ना पाएगा कभी
आँचल में छुपाकर सुलाया आपने

राज खुल गए थे हर जुबान पर
खुद हाथों से पर्दा हटाया आपने

****

लाशों का अम्बार लगा है इतना भी नादान ना हो
सर पे तेरे खून लगा हैं फिर भी कुछ इल्जाम ना हो

लाजिम था के हमने देखी मय्यत इतनी सुबहोशाम
आँखो में पानी भर जाए दिल कैसे परेशान ना हो

हाथ थाम सके ना उनका पकड़ सके ना हम दामन
फिर भी कहने को कहते हो आप जरा हैरान ना हो

इतने करीब से गुजर कर बिछड़ गया हो जब कोई
दुआ ख़ुदा से हैं हमारी इतना तू अनजान ना हो

चिंगारी के शोलों में तिजारत हैं भरपूर मगर
जान हमारी सौदे पर हो इतना भी बेईमान ना हो

कदमों से क़दमे बांधे हैं साथ खड़े हैं हम सारे
जीत हमारी होगी आख़रि इतना तू बेजान ना हो

****

68

दिए रोशन हैं हर ओर आज की रात
मिरे खोने का इंतजाम हैं आज की रात

मंजिलों पर चलते हुए बरसों हमें
यह तो सिर्फ अंजाम हैं आज की रात

साथ रहते हैं सभी पल दो पल
फिर तू क्यों हैरान हैं आज की रात

यूँ तो सब कुछ वैसा ही हैं
दिल क्यों नादान हैं आज की रात

ख़ुशियाँ इतनी के हिसाब ना हो
मेरा यह पैगाम हैं आज की रात

किसी डूबे को किनारा दे सकूँ
मेरा ये ईमान हैं आज की रात

****

69

अलविदा कह रहा है जिसे सारा जहाँ
गुजरते रहे रास्ते वक्त हैं ठहरा वहाँ

मुश्किलें आसां हुई आसान नहीं दास्ताँ
पाबंदी नई सही था वही पहरा यहाँ

बचपन की वो यादें बातें और बरसातें
ले जाए बदस्तूर कोई लेके हमें जरा वहाँ

अजीब साल था हुजूर सवाल हैं अब हजार
जवाब माँगते हुए थका गया सारा जहाँ

मंजिलें थी सामने हौंसले में हैं दम
मोड़ आएँगे कई रास्ता खड़ा वहाँ

****

70

चाहूँगा मैं तुझे बस मुझे अनजान होने दे
गर तू मेरी जान हैं तो मुझे बेजान होने दे

मत उठा अपने चेहरे से नकाब क़ातिल
अच्छा हैं मुझे अभी और हैरान होने दे

अभी बाक़ी है बस्ती में मकान कई
तुझसे मिलता हूँ जरा और वीरान होने दे

तूने देखी नहीं मेरे वहशत की इंतिहाँ ओ रक़ीब
ख़बर लेता हूँ तेरी मुझे और शैतान होने दे

दिल में है दर्द बची है ख्वाहिशें अभी
भई नयी मोहब्बत हैं नए नए मक़ाम होने दे

धड़कनें अभी हैं तेज हाथों में है जुंबिश क़ायम
लुत्फ आएगा तुझे मुझे और परेशान होने दे

होने बाक़ी है जिस्म पे मेरे दाग कई
अभी तो कम हुए है कुछ और नुक़सान होने दे

****

71

जिंदगी न कर सकी वो मौत ने कर दिया
मुफलिस और तवंगर को हमवार कर दिया

मौत का सन्नाटा छाया हैं हर तरफ यूँ
कब्र में छुप पाना भी दुशवार कर दिया

दिल की बेचैनी आँखों में नींद नहीं
इश्क ने कुछ ऐसा हमें बर्बाद कर दिया

हाथ में झूठे सिक्के कुछ धुंधले से ख़्वाब
जिंदगी तेरी जुस्तजू ने बेजार कर दिया

अभी पहुँचा ही था मैं अपने मुक़ाम पर
मेरे रक़ीब ने जोर पलटवार कर दिया

****

72

राह की धूप अच्छी लगी साये मेरे साथ रहे
दुआ रब से हैं मेरी बिन मौसम बरसात रहे

यह क्या रूठे हो और मुझसे मुँह छुपाए हो
आँखों आँखों में सही तेरी मेरी बात रहे

होगा कोई और जिसे फक्र था ताक़त पे खूब
दुआ खुदा से है मेरी बस्तियाँ आबाद रहे

ना दौलत ना शोहरत ना आलीशान मकान
रख लो तुम दिन के उजाले साथ मेरे बस रात रहे

उनसे बिछड़ के जीने की कोशिश हैं मगर
हिज्र के इस मौसम में फिर उनसे मुलाक़ात रहे

****

73

कुछ मसले हैं मेरे
छत पर भिगो के सुखाये हैं मैंने

अपनी पलकों से आँसू
पत्तों पे बिछो के भिगोयें हैं मैंने

यादें मेरी कुछ धुंधली सी
उसे हर्फ बना के बोयें हैं मैंने

उसे भूलूँ के फिर याद करूँ
बिखरे अधूरे ख़्वाब सोयें हैं मैंने

अब फर्क़ क्या उम्र गयी हैं गुजर
रिश्तों के बोझ बेख़बर ढोयें हैं मैंने

****

गुजारिश हैं के मौका ना जाने पाए ये इस बार
दिल को छू जाए कुछ ऐसी बातें करो मेरे यार

फिजा में आज बिखरे है कुछ नीले कुछ गुलाब
मोहब्बतों के इत्र से महकी बरसाते करो मेरे यार

मिटा दो तुम शिकवे गिले सब झूठी बातें हैं
आज बेख़ौफ होकर झूम के शरारतें करो मेरे यार

पयाम लिखो जाफरानी और भेजो उसे फौरन
बचपन की वो यादें वो नीली रातें करो मेरे यार

****

75

बेफिक्र हो के खेलूँ मैं दिन भर
शाम को माँ के साये में सो जाऊँ

मेरी बड़े शरारतें गर बहुत
वो रुकने को कहे मैं दूर कहीं खो जाऊँ

फिर महके मिट्टी शरीर से मेरे
भागूँ इधर उधर बच्चा सा मैं हो जाऊँ

गर करूँ गलती और डर लगे बहुत
उसकी डाँट के पहले जोर से मैं रो जाऊँ

कुछ पुराने सिक्के बेमतलब के निशान
जमीन खोदूँ थोड़ी और उसमें बो जाऊँ

शाम को माँ के साये में सो जाऊँ

****

76

सरजमीं ऐ सरजमीं कोई भी तुझ सा नहीं
सब से ज्यादा खुशनुमा तू सब से बढ़कर तू हसीं

हजार वादे कर इरादे निकले जब हर और से
विविधता में एकता से महकी माटी महके जमीं

आतंक और विस्तार की इस चाल से हम ना डरें
कोई ललकारे हमें जब आग सीने में लगी

पैर पर अपने खड़े हो ऐसी हैं उम्मीद अब
साथ मिलकर पार करले फैसले की ये घड़ी

****

77

कुछ दिनो से खुद से ही गुम रहा हूँ मैं
सबसे मिलने की ख्वाहिश में खुद से ही दूर रहा हूँ मैं

ये मालूम हैं मंजिल पर जाना जरूरी है मगर
कुछ दिनो से खुद से भी धीमे चल रहा हूँ मैं

नए मिजाजों और सवालों से बदली है दुनिया
इन रिवायतों के चलते संभल रहा हूँ मैं

लगता हैं हवा में घुल गया है जहर जैसे
अपने घोंसले से भी नहीं निकल रहा हूँ मैं

मुझे तो नाज था अपनी खुदमुखतियारी का
बदलते बदलते ही सही बदल रहा हूँ मैं

वो सुबहा कल तो आएगी जरूर
रोज बरोज इन्ही बातों से बहल रहा हूँ मैं

****

78

अब तो हमें हर शख़्स राजदार लगता है
नकाब भी पहने तो गहरा यार लगता है

जिंदगी कुछ ऐसी शक्ल में है आज कल
करार मिले तो भी बेक़रार लगता है

हमारे हर सच में तो फरेब ही दिखता है
वो झूठ भी बोले तो असरदार लगता है

लगता हैं चुनाव का मौसम हैं आमद पर
योजनाओं का जाल शानदार लगता है

बला की सफाई हैं हाथों में उसके
रिश्वत तो लेता हैं पर ईमानदार लगता है

****

79

उस मुरझाए फूल से दूरियाँ कैसी
तुमने ही तो उसे शाख़ से तोड़ा था

रिश्तों में दरार तो आनी ही थी
बनावट के प्यार से तुमने ही तो जोड़ा था

सूखे हुए पेड़ सबूत हैं इसका
बहते हुए पानी को हमने ही तो मोड़ा था

बेवफाई करने का हक था तुमको
प्यार हमको जब तुमसे थोड़ा थोड़ा था

किनारों के पत्थर याद आए बहुत
मँझधार में लाके तुमने ही तो छोड़ा था

****

80

किसी को बेवफा कहके हासिल हो जायेगा क्या
बेवफा कहने से वो मेरे लिए सुधर जायेगा क्या

ढूढना है घुप अँधेरे में भी इस शख्स को
पूछना जरा सूरज मुझमें उतर जायेगा क्या

मानता हूं घुट रहा है दम तेरा इस कैद में
गर यही जीने की सूरत है तो मर जायेगा क्या

अभी बाक़ी हैं चोट खाने का ये सिलसिला
आँसू का प्याला पूरा मेरा भर जायेगा क्या

तू जानता हैं आदमखोर हैं इस जंगल में भी
आती हुई हर आवाज से डर जाएगा क्या

ये माना रास्ते तेरे मेरे हैं दो तरफ
मुझसे इतनी जल्दी तू बिछड़ जाएगा क्या

****

परिवार